나의 The Secret Diary to Be Riches!

부자일기

부자가 가지는 108 자문자답

奮鬪

분 투

星星之火 可以燎原

하나의 작은 불씨가 점차 퍼져 거대한 평원을 사르리라

헌정 (獻呈)

우리 인생의 목적은 평범함이 아닙니다.

부자가 꼭 되고자 도전하는 이 세상의 모든 분들께 그리고

남몰래 간직해온 부자의 꿈을 행동으로 실천하는 용기 있는

_____ 님에게 이 책을 바칩니다.

당신도
부자가 될 수 있다

/ 하루 1분 / 하루 3줄 /

내 안에 잠재되어 있는 진짜'나'를 찾는 시간

내 안의 오랜 패배감을 물리치는 시간

내 안의 억눌린 용기를 다시 회복하는 시간

내 안의 부자가 되고픈 욕망을 실천하는 시간

더 이상 절대로 가난하게 살지 않을

마음의 결심을 키우는 시간

"자기의 희망은 자신의 깨달음에 있다"

PROLOGUE

부자란?

누구를 부자라고 하나요?
감히 정의해본다면,
"모든, 가지고 싶은 것들과
모든, 내 것이 되었으면 하는 것들과
모든, 넉넉하게 있는 것들과
모든, 평온한 만족들을 모조리 '부자'라고 부른다.
쓸데없는 것이 없음을 기어이 '부자'라고 부른다."

저는 언어학자가 아닙니다. 행동과 실천 심리학자인 저는
심리학은 가르치지 않습니다. 저는 매일 한가지 질문을 하고
대답을 꼭 하려고 하는 부자입니다. 제가 좋아하는 책을
읽으면서 가슴에 와 닿는 글의 감흥을 절절히 오랜 시간
느껴보려고 하고, 만석꾼의 곡식 마냥 지식 곳간에
차곡차곡 쌓아 올리고 있는 '글 부자'입니다.

누구나 가끔씩 아니 자주 절실하게 원했을 겁니다.
"나는 부자가 되고 싶어. 정말로!"
당신은 어떤 부자가 되고 싶나요?
어떻게 하면 당신이 원하는 부자가 될 수 있나요?

당신은...
"돈이 없어서 아무것도 못한다고,
결정적일 때 운이 나빠서 망쳐버렸다고,
유독 나한테만 한 번도 제대로 기회를 주지 않는다고,
핑계를 찾고 원망하는……
나약한 자신으로부터 먼저 탈출해 보지 않겠습니까?

이를위해 너무도 필요해 보이는 '돈, 운, 기회'가 우리에겐 없습니다. 하지만 부자는 정말 되고 싶습니다. 그러기에 방법을 꼭 찾아야만 합니다.

저에게 아주 좋은 아이디어가 있습니다. 당신과 공유하고 싶습니다. 당신의 재능과 열정과 끈기에 저의 아이디어를 활용하여 부자 인생으로 당신을 바꾸어 보시지 않겠습니까?

제가 찾은 답을 공개하겠습니다.

매일 한가지 질문을 드리겠습니다. 당신은 매일 주어지는 질문에 3줄내로 답을 하시면 됩니다. 저는 이 책의 한 질문 한 질문을 쓸 때마다 당신의 마음속에 부자 횃불을 하나씩 켜 간다고 생각했습니다. 부와 성공의 비밀은 멀리 있지 않습니다. 바로 당신 마음속에 존재합니다. 콩 심은데 콩나고 팥 심은데 팥나며, 안심으면 안 납니다. 자연의 이치입니다. '하루 3줄, 부자일기'에 돈과 운과 기회를 심어보세요. 망설이지 말고 지금 바로 실행하세요. 생각하고, 쓰는것만으로도 운과 기회가 자랍니다.

당신은 충분히 부자가 될 수 있습니다. 당신은 무엇을 원하든 그것을 얻을 수 있습니다. 한계는 없습니다.

다만, 한가지 사실을 기억해야 합니다.

그건 바로 기분이 좋아야 한다는 점입니다. 당신이 부자일기를 쓸 때는 어떤 생각을 하든, 어떤 행위를 하든 간에 기분을 좋게 하고 글을 쓰세요. 기분이 좋다면, 부자가 되는 길에 올라서 있는 것이나 다름없습니다. 꼭 즐거운 마음으로 하시길. 정말 부자가 되고 싶은 당신, 이제 시작해 볼까요!

백로의 우아한 날개 짓이 오가는 곳에서 찬란한 기적을 소망하며.

부러운 자가 아닌 부유한 자

박 정 호 (頂豪)

PREFACE

당신에겐 '세줄 쓸' 열정과 끈기가 있는가?

황금을 바구니에 가득 담아 후손에게 물려주는 것보다 한 권의 책을 가르쳐 주는 것이 낫다. 재물은 쓸수록 없어지지만 지식과 지혜는 사용할수록 늘어나기 때문이다. 유태인의 혼이라고 할 수 있는 탈무드(Talmud)를 여러 번 읽으면서 공부하였다. 하지만 그러한 노력에도 불구하고 두 세번 읽고 나서야 어렴풋이 이해가 되는 문구가 있었다.

'사람을 상처 입히는 세 가지가 있다. '번민', '말다툼', '텅빈 지갑'이다. 이 중에서 '텅빈 지갑'이 가장 큰 상처를 입힌다.'라는 지적·정신적 자양이 담겨 있는 내용이다.

세월이 흐를수록 공감대가 커졌다. 사회생활을 하고 철이 조금씩 들어갈수록 이 말의 의미가 마음 속 깊이 다가 왔다. 무리수일지는 모르지만, 텅빈 지갑의 반대말은 두툼한 지갑. 그렇다면 '두툼한 지갑을 지닌 부자가 되어야 가장 큰 상처를 입지 않는 인생을 살 수 있겠구나'라는 생각이 들었다. 나는 부자가 되어야겠다고 생각했다. 부자라는 나의 삶의 성취 중의 하나를 달성하기 위해 도전해 보는 것이다. 우선 부자가 되는 방법을 찾아야겠다고 마음먹었다. 과연 어떻게 하면 부자가 될 수 있을까를 고민하다가 과감히 하나의 방법론을 제시해 보기로 하였다.

재능이 없다며 부자가 되기를 포기하는 사람이 많다. 아예 처음부터 부자가 되는 것은 타고난 재능과 든든한 백그라운드로부터 기인한다고 단정 짓기도 한다. 과연 그럴까? 삶의 성취를 일궈낸 사람과 그렇지 못한 사람의 차이는 어디에서 비롯될까? 열정과 끈기가 그것이다. 열정이란, 오랫동안 같은 목표에 일관되게 집중하는 힘을 뜻한다. 또 단념하지 않고 좌절을 딛고 목표를 향해 다시 일어서는 힘이 끈기다. 이러한 '열정적 끈기'가 삶의 성취에 영향을 준다는 사실은 펜실베이니아주립대학교 앤절라 더크워스 (Angela Duckworth) 교수가 수천 건의 사례와 함께 진행된 20년간의 종단연구를 통해 이미 밝혀낸 사실이다. 그녀는 '개인의 삶의 성취에는 타고난 재능보다 열정과 끈기가 더욱 중요하다는 사실'을 강조한다.

재능이라는 것은 안타깝게도 스스로 그 내용과 크기를 정할 수가 없는 대상이다. 부모로부터 물려받은 유전형질 정보와 뱃속 태아시절에 유입된 자극의 질에 의해 결정된다. 그래서 재능이란 부모의 손을 빌려 개인에게 부여한 일종의 선물로 인정해버리는 것이 차라리 현명하다. 남들은 다 받은 선물을 나만 받지 못했다고 마냥 울먹일 수는 없는 노릇이다.

재능이라는 선물보다 자신의 자산인 열정과 끈기로 꿈을 달성하는 데 집중해야 한다. 다시 말해서, 다른 사람이 가진 재능과 백그라운드보다 내 것이 부족한지 넘치는지를 따지는 것은 어리석은 행위다. 지금 우리에게 필요한 것은 내게 어떤 꿈이 있고 그 꿈에 다가가기 위해 과거의 나보다 오늘의 내가 얼마나 더 많은'열정과 끈기'를 가지고 있는지 체크해 보는 일이다. 우리가 살아가는 이유는 부자가 되는 것에 있지 않다. 남들에게 추앙받는 부자는 폼나는 일이지만 인생이란 폼으로 살아야 하는 무대가 아니다. 그보다 자신이 원하는 삶의 궤적을 만들어가고 있다는 스스로의 실감이 더욱 중요하다. 이것이 바로'성취'의 개념이다. 우리 삶은 성취를 향해 달려가는 여정이고, 꿈은 반드시 성취의 대상 중 으뜸이 되어야 한다. 포기하지 말고 열정과 끈기를 지니고 삶의 실체적 목표인 부자의 꿈을 향해 달려가야 한다. 고단할 땐 잠시 휴식을 취하면 된다. 그렇지만 절대로 포기하진 말아야 한다.

부자가 되는 것이 아주 어려운 것이라고 평가받는다 해도 그것 역시 누군가는 실현하고 있는 것이다. 그러므로 우리가 그것을 자신의 것으로 만들지 못할 것이 없다. 멀리 보기 위해서는 한층 더 올라가야 되는 것처럼 열정과 끈기를 가지고 평온한 마음으로 매일 3줄씩 답하기만 하면 된다.

만약 우리들이 잘 알고 있는 세계적인 부호들 수백 명을 한곳에 모이게 하여 토론을 벌이게 했다고 가정해 보자. 그들의 토론 내용을 전부 녹음하고 정리했다면 아마 그것은 소중한 자료가 될 것이다. 그러나 <<나의 부자일기 - 부자가 가지는 108 자문자답 ->> 역시 그만큼의 충분한 가치를 지니고 있다. 이 자그마한 책은 매일 기쁨이 가득한 부자가 되기 위해 노력하는 자들을 위한 유용한 도구이자, 먼저 자신을 제대로 알게 끔 마음공부를 시켜주는 구성이 알맞게 어우러진, 짤막하고도 고운 향기를 한데 모은 단지와 같다.

어느 부분이든 펼치는 것만으로도 자신을 깊이 성찰하게 해주는 간결한 질문과 내면 성장을 위한 오늘의 기도와 도전 미션을 만나고, 위인들이 오랜 시간 설파해 온 목소리를 들을 수 있으리라 확신한다.

그래서 나는 이 책을 통해 그 안내자가 되고자 한다.

삶과 숨결의 고귀함을 느끼며

박 해 영 (海英)

두사람을 소개합니다.

"순간을 위하여 나는 오늘도 질문을 한다"

박 정 호

(Park, Jeong Ho / 頂豪)

글 부자, 신문인, 동기부여 연구자,

.U&US 국제자선 실천가.

매일 책 읽는 사람,

명상하기를 무척 좋아하는 사람,

미래에 대한 호기심이 풍부한 사람,

인생의 절반을 중국에서 살고 있는 사람,

멈추질 않고 어릴 적에 꿈꾸었던 꿈을 실현해 보고 싶다고 말하는 사람,

매일 언어공부를 게을리 하지 않는 소통이 중요한 사람,

무송송~ 파송송 ~쓸어 넣은 라면을 즐기는 소탈한 사람,

나는 누구인가? (Who am I ?) 에 대한 물음표를 던지던 사람이었지만, 지금은 누군가의 같은 물음에, 꿈과 희망을 더하는 공감자가 되고 싶다고 이야기하는 사람.

'실행이 답이다'라는 행동과 실천 심리학을 좋아하고, 새로운 질문을 던지면서 시공간을 초월해서 소통하고자 노력하는 사람.

"당신의 내재된 사랑과 능력이 이 세상 밖으로 나오는

그 순간을 위하여 나는 오늘도 질문을 한다.

내 질문에 자신의 대답을 하는 당신과 나는

시공간을 뛰어넘어 연결될 것이고,

언젠가 웃음 지으면서 두 손을 잡고

친구가 될 수 있음을 알기에."

저자는 아름다운 정경을 품은 백로의 날개 짓이 있는 샤먼에서

매일매일 호수 정원을 걸으면서 행복감과 만족감을 맛보는

부자(富者)로서 살아가고 있다.

두사람을 소개합니다.

"글쓰기는 나를 치유하는 모든 힘의 다른 이름"

박 해 영 (Park, Hae-Young / 海英)

작가.

심리교육실천가.

최근 깊이 연구되고 있는 뇌교육의 선도자.

네 아이로부터'어머니'로 불리우는 행복한 여인.

"40대, 심리학을 공부하며 나는 깨달았습니다.

저마다 풍요로운 이야기보따리를 담고 있다는 것을!

중년의 문턱을 갓 넘어서면서 글쓰기의 위대한 힘을 실감했습니다.

이제 연구자의 자리에서 작가의 자리로, 교육실천가의 자리로 옮겨 왔습니다.

글쓰기는 나를 치유하는 모든 힘의 다른 이름이자, 나를 더 나은 존재로 만들고 성숙한 자신이

되기 위한 매일의 노력이란 것을 느끼며 다가올 삶을 기대하고 있습니다."

저자는 교육계의 명강사로 뇌(腦)훈련, 동기부여, 뇌(腦)발달교육, 아이디어와 창의력에 관

한 강의를 하고 있으며, 각종 온라인 플랫폼을 통해 교육자문을 희망하는 이들에게 반드시 필

요하고 또 유익한 콘텐츠를 선보이고 있습니다.

모든 아름다운 것과 경이로운 경험은
'나'를 위해 존재한다.

CONTENTS

하루 하루 새로운 삶과 생명을 주신 하늘에 감사드리며,

제 자신을 충실히 지키도록 도와주소서

"도전하는 자가 미래를 지배한다."

- 최종현 -

이 책의 활용법

이 책은 다음과 같은 여러 방식으로 활용할 수 있도록 설계되었습니다.

당신이 부자가 되겠다고 결심한 순간, 언제든 시작할 수 있습니다.

시간과 공간의 제약을 조금도 받지 않습니다.

"부자가 되자."

"돈을 좀 많이 벌어보자!"

이제까지 이런 결심을 수도 없이 되풀이하지 않았나요? 그러나 그 결심은 대부분 지켜지지 못하고, 어제와 별다를 바 없는 오늘을 살아가고 있지는 않나요?

이 책은 꾸준히 유지하기 어려운 자신의 결심을 흔들리지 않게 하고 진정한 부자가 되는 힘을 길러주기 위해 제작되었습니다. 나의 <<부자일기>> 라고 해서 어렵게 생각할 필요는 없습니다. 이 책에는 자신을 단련하는 연습을 쉽고 즐겁게, 그리고 꾸준히 활용할 수 있는 노하우가 잔뜩 담겨 있습니다. 이 책 속의 보물은 당신이 발견하고 가져가세요!

방법은 매우 간단합니다.

매일 한 가지 질문에 딱 3줄 분량의 글쓰기로 답할 것.

이것뿐입니다.

어떤 스타일의 부자로 살고 싶은가?

요즘 내게 '이 낙(樂)에 산다' 하는 것은?

내 인생에서 해 본 가장 재미있는 상상과 엉뚱한 행위는?

진지한 답변을 요하는 것부터 피식 웃음이 나오는 질문까지 모두 108개의 질문이 실려 있고, 3줄짜리 답변을 쓰는 공간을 설정하였습니다. 단답형으로 한 줄로 표현할 수도 있지만, 가능하면 성심을 다해 세 줄을 채워보려고 노력하십시오.

"남이 미처 안 하는 것을 선택하라.

일단 착수하면 과감히 밀고 나가라.

성공해도 거기에 머물지 말고

그보다 한 단계 높은 것에 도전하라."

- 구인회 -

하루 세줄 글쓰기라고 해서 과소평가해서는 안됩니다. 바로 지금, 지구상에 존재하는 수십만 명이 자기 삶에 빛나는 영감과 통찰을 가져다주는 글쓰기를 이 책에 쓰고 있다는 사실을 명심해야 합니다.

하루에 질문 하나에 대한 자신만의 하고 싶은 이야기를 생각나는 대로 편하게 써보세요. 일기는 자기 자신을 위한 것이니 답하기 어려운 질문에는 다른 이야기를 써도 상관없습니다. 자신을 자유롭게 표현해보세요. 공간이 부족하신가요? 메모란(Memo)을 준비해 두었습니다.

▶ Plus Tip 1.
하루에 좋은 글 하나를 읽고, 그 좋은 글이 온종일 당신을 고취시키도록 하십시오. 글을 베껴 쓰고, 항상 가지고 다니며, 종종 읽으십시오. 그 좋은 글을 읽고 묵상을 하거나, 지인들과 공유하거나, 혹은 힘든 상황에 직면해 있을 때 어떻게 헤쳐 나갈 것인지 안내와 도움을 받을 수 있도록 하십시오. 그러면 이러한 과정을 통해 당신이 변화되는 것들을 보고 놀라워할 것입니다.

▶ Plus Tip 2.
당신은 이 책을 어느 다른 책들과 마찬가지로 처음부터 끝까지 한꺼번에 읽을 수도 있습니다. 108가지의 다양한 질문을 보면서 응용하여 색다른 질문을 만들어 활용해보세요. 세상에서 자신을 제일 모르는 사람이 자신일 수도 있어요. 자신을 정해 둔 틀에 가두어 두지 마시고, 다양한 질문과 해답을 주고받으면서 자신과 끊임없는 대화를 해보세요.

부자가 되고 싶은가?
자신과 대화하라. 먼저 자신을 당신의 천군만마(千軍萬馬)로 만들어보라.

"사업은 예술이다."

"행운은 남이 거져 가져다

주는 것이 아니다."

- 조중훈 -

▶ Plus Tip 3.

이 책을 감명을 주는 좋은 글을 최대한 많이 수집하기 위한 유용한 자료집으로 애용하십시오. 이 책에 제시된 좋은 글들은 오랜 기간에 걸쳐 여러 출처에서 수집한 것입니다. 원저자(原著者)의 표현을 존중하기 위해 그들이 원래 사용했던 표현을 그대로 유지하였습니다. 처음으로 말했거나 실제 원저자가 누구인지 확인할 수 없는 글의 경우엔 (격언) 이라고 적었습니다.

▶ Plus Tip 4.

<나의 도전 미션> 은 매일이 아니라 불특정한 날에 주어지는 도전입니다. 자신의 호불호(好不好)를 넘어 행동을 취하는 용기를 냄으로써 진정한 성장이 이루어지도록 해줄 겁니다. 모두 12회로 구성된 도전을 인생의 미션과 실험으로 생각하면 오히려 그것을 즐기게 될 것입니다. 스스로도 더욱 더 기발하고 다이나믹한 미션을 설정하여 도전해 보시길!

▶ Plus Tip 5.

인생을 이해하기 위해 항상 노력한 선각자들과의 영적인 대화를 할 수 있도록 그분들을 그림과 사진으로 책에 실어보았습니다. 만약 당신이 펜을 들고 열린 생각을 지닌 채 차분히 바라보면서 공감의 시간을 가져본다면, 그 분들의 에너지를 느끼게 될 겁니다.

본인에게 맞는 방식으로 자유롭고 즐겁게 딱 3줄로 나의 <<부자일기>> 시리즈 1. <<부자가 가지는 108 자문자답>>을 써보세요. 이 책을 통해 독자 여러분의 소중한 인생을 당신의 뜻과 선택에 따라 살고, 부자의 꿈을 꼭 실현할 수 있다면, 우리는 더할 나위 없이 기쁠 것입니다.

"이봐 해봤어? 해봤냐고"

- 정주영 -

나의 富 약속

나, (홍길동)은 나의 <<부자일기>> 를 (1)월 (1)일부터 시작해

최소한 30일 연속 기록할 것을 약속한다.

나의 <<부자일기>> 가 나에게 중요한 이유는 :

나의 재능을 제대로 활용하고 싶기 때문이다.

풍요로운 부자의 삶을 만들고 싶기 때문이다.

내가 하루 하루 더 좋은 삶을 살고 싶기 때문이다.

나의 <<부자일기>> 를 30일 동안 쓰는데 성공한다면 다음을 나에게 보상으로 주겠다

사랑하는 사람과의 제주도 여행

나의 <<부자일기>> 를 30일 연속 쓰지 않는다면 :

나는 가장 친한 동료 2분에게 특급호텔의 점심 뷔페를 대접하겠다.

나는 나의 <<부자일기>>를 매일 쓸 수 있도록 다음을 하겠다 :

샤워를 할 때마다 나의 <<부자일기>>를 쓰겠노라 스스로 다짐하겠다.

이 책을 매일 가지고 다니는 가방에 언제나 넣어 두겠다.

매일 핸드폰의 카카오 톡을 확인하기 전에 오늘의 질문을 꼭 먼저 보겠다.

나의 <<부자일기>>를 쓴 후 향기로운 차 한잔을 마시겠다.

나의 <<부자일기>>에 있는 명언과 좋은 말씀을 암송하고 친구와 공유하겠다.

"있을때 겸손하라

그러나 없을때 당당하라."

- 이병철 -

당신도 직접 다음의 빈 칸을 채우기 바란다

나, _____ 은/는 나의 <<부자일기>> 를 _____ 월 _____ 일부터 시작해

최소한 30일 연속 기록할 것을 약속한다.

나의 <<부자일기>> 가 나에게 중요한 이유는 :

_____

_____

_____

나의 <<부자일기>> 를 30일 동안 쓰는데 성공한다면 다음을 나에게 보상으로 주겠다

_____

나의 <<부자일기>> 를 30일 연속 쓰지 않는다면

_____

나는 나의 <<부자일기>>를 매일 쓸 수 있도록 다음을 하겠다

_____

_____

_____

_____

_____

(참고) 인텔리전트 체인지(Intelligent Change), 정지현 옮김, 『하루 5분 아침 일기』(심야책방, 2017), 36~37쪽.

CHAPTER 1.

나의 《부자일기》를 쓰는 첫째 날!

부자가 되기 위해서,

오늘부터 내가 꼭 해야 할 일 『세 가지를 약속』한다.

하나 _____

둘 _____

셋 _____

가능한 모든 방면에서 인생을 경험하세요.

좋은 것과 나쁜 것, 어두운 것과 밝은 것, 쓴 것과 달콤한 것, 여름과 겨울,

모든 것의 양면성을 경험하세요.

당신이 더 많은 것을 경험할수록 당신은 더 성숙한 존재가 되므로

경험하는 것을 두려워하지 마세요.

세상은 당신이 시작하길 기다리고 있어요.

당신이 좋아하고 잘하고, 꼭 잘할 것 같은 걸 찾아서 미친 듯 해 버리세요.

- 정호 (頂豪) -

오늘 일어난 가장 좋았던 일 한가지는 ?

_____

_____

【Today's Player】　　　　　　　　　　　【MEMO】

나는 다짐한다. 또 다짐한다.

나는 부자가 된다는 약속을 지킬 거예요.

나는 지금부터 어떤 인생 스토리를 만들고 싶은가?

_____

_____

당신은 자신의 열정을 따라야만 합니다.
당신이 좋아하는 것이 무엇인지,
당신이 진정 누구인지 알아야만 합니다.
그리고 당신이 그렇게 할 수 있다는 용기를 가지십시오.
나는 누구에게나 꼭 필요한 용기가 바로
자기 자신의 꿈을 좇아가는 용기라고 믿습니다.

- 오프라 윈프리 (Oprah Winfrey) -

오늘 일어난 가장 좋았던 일 한가지는 ?

_____

_____

【Today's Player】   【MEMO】

나는 히스토리를 만든다.

나는 다시 인생의 맛과 멋을 찾을 거예요.

나는 돈을 벌 준비가 잘 되어 있는가?

(재능, 열정, 끈기, 계획, 아이템, 건강, 믿음, 시장성, 자금, 파트너, - - -)

_____

_____

_____

게으름에 대한 하늘의 보복은 두가지가 있다.

하나는 자신의 실패요,

하나는 그가 하지 않은 일을 한 옆 사람의 성공이다.

- 쥘 르나르 (Jules Renard) -

오늘 일어난 가장 좋았던 일 한가지는 ?

_____

_____

나의 도전 미션

나에게 뜨거운 열정과 용기를 주는 것은 무엇인가? 그 목록을 작성해보라.

【Today's Player】　　　　　　　　　【MEMO】

나는 꼼꼼이 체크한다.

나는 상상과 현실을 확실하게 구분할 거예요.

나는 나를 얼마나 잘 알고 있는가?

(하고 싶은 일, 되고 싶은 것, 갖고 싶은 것, 나눠주고 싶은 것)

───────────────────────────────

∼∼∼∼∼∼∼∼∼∼∼∼∼∼∼∼∼∼∼∼∼∼∼∼∼∼∼∼∼

∼∼∼∼∼∼∼∼∼∼∼∼∼∼∼∼∼∼∼∼∼∼∼∼∼∼∼∼∼

그대의 자아를 사랑하라.

자신의 선한 면은 자랑스럽게 사랑하고,

악한 면은 안타까운 심정으로 사랑하라.

- 해영 (海英) -

오늘 일어난 가장 좋았던 일 한가지는 ?

∼∼∼∼∼∼∼∼∼∼∼∼∼∼∼∼∼∼∼∼∼∼∼∼∼∼∼∼∼

∼∼∼∼∼∼∼∼∼∼∼∼∼∼∼∼∼∼∼∼∼∼∼∼∼∼∼∼∼

【Today's Player】　　　　　　　　　　【MEMO】

나는 사랑함을 배운다.

나는 자신을 제일 아끼는 사람이 될 거예요.

(나의 건강을 위하여) 균형 잡힌 최고의 한 끼 식단을 구성한다면?

_____

_____

_____

건강을 당연하게 받아들이지 말아라.

대체로 건강을 잃기 전에는 건강에 대해

감사할 줄 모르는 법이다.

물론 평생 건강하다면 바랄 나위가 없을 것이다.

하지만 건강할 때 그 건강을 유지할 수 있는 일들을

적어도 세 가지 정도는 매일 의식적으로 행해라.

- 어니 젤린스키 (Ernie J. ZeIinski) -

오늘 일어난 가장 좋았던 일 한가지는 ?

_____

_____

【Today's Player】　　　　　　　　　　【MEMO】

나는 오감을 깨운다.

나는 풍부한 향과 식감을 즐길 거예요.

내가 읽은 책 중 나의 '인생 책'은?

그 책의 어떤 내용이 나에게 깨우침을 주었나?

_____

_____

_____

책은 영혼을 개조하는 도구이다.

인류에게 풍부한 깨우침을 주는 자양분이 필요한데,

책 읽기는 바로 그 자양분인 것이다.

- 빅토르 위고 (Victor Hugo) -

오늘 일어난 가장 좋았던 일 한가지는 ?

_____

_____

【Today's Player】 　　　　　　　　　　【MEMO】

나는 책을 항상 곁에 둔다.

나는 타 분야의 책도 열독 할 거예요.

일상생활에서 꼭 지키려고 하는 나 자신만의 규칙은?

_____

_____

_____

세상이 변하길 원한다면

당신이 그 변화의 중심이 되어야 합니다.

－마하트마 간디 (Mahatma Gandhi) －

오늘 일어난 가장 좋았던 일 한가지는 ?

_____

_____

【Today's Player】　　　　　　　　【MEMO】

나는 룰(rules)을 정한다.

나는 좋은 루틴을 만들고 유지할 거예요.

만약 예상치도 않았던'공짜돈 천만원'이 생겼다.
이 돈을 마음껏 알차게 쓸 수 있는 방법은 무엇일까?

_____

_____

남에게 돈을 빌려줄 때에는 증인을 세우고,
적선할 때는 아무도 보지 않는 데서 하라.
- 탈무드 (Talmud) -

오늘 일어난 가장 좋았던 일 한가지는 ?

_____

_____

【Today's Player】　　　　　　　　　【MEMO】

나는 만족할 줄 안다.

나는'이것 밖에'라고 하지 않고,

'이렇게 많이'라고 말할 거예요.

나는 108일간 연속으로 매일 나의 《《부자일기》》를 쓸 수 있나?

(오늘부터 딱 100일 남았다. 어떤 마음가짐과 자세로 완성할 건가?)

_____

_____

_____

생각이 바뀌면 행동이 바뀌고

행동이 바뀌면 습관이 바뀌고

습관이 바뀌면 인격이 바뀌고

인격이 바뀌면 운명까지도 바뀐다.

- 윌리엄 제임스(William James) -

오늘 일어난 가장 좋았던 일 한가지는 ?

_____

_____

【Today's Player】   【MEMO】

나는 확 달라진다.

나는 결심한 일은 꼭 해 낼 거예요.

나는 부자였었나? 나는 부자인가? 나는 부자일 것인가?

_____

_____

_____

부자는 절대, 남이 만들어 주는 것이 아니다.

지금 노력하고 있는 당신이 부자이다.

불필요한 생각을 하지 말고,

가난의 아픔을 던져버리고, 스스로 행동하라.

행동하면 당신은 매일매일 부자가 조금씩 되어가게 된다.

— 정호 (頂豪) —

46
47

오늘 일어난 좋았던 일 하나 이야기해 줄래요 ?

_____

_____

【Today's Player】　　　　　　　　【MEMO】

나는 올라간다.

나는 튼튼한 사다리를 만들 거예요.

내 삶에 단 하루뿐인 오늘 하루, 어떻게 시작하고 보냈나요?

_____

_____

매일 아침 거울을 볼 때,

자신에게 '나는 예쁘다, 나는 멋있다!

거울아, 함께 해줘서 고마워.'라고 속삭여보라.

자신을 칭찬하고, 다른 사람에게 감사해야

우리의 마음도 활짝 열릴 수 있다.

- 해영 (海英) -

오늘 일어난 좋았던 일 하나 이야기해 줄래요 ?

_____

_____

【Today's Player】　　　　　　　　【MEMO】

나는 오늘도 나를 찬미한다.

나는 누구보다 꿋꿋하고 당차게 살 거예요.

삶이란 공백과 모순을 다루는 것을 의미한다.

우리의 삶의 불만족은

곧 우리의 삶 그 자체의 일부이다.

세상의 주인공인 나, 내 이름으로 삼행시를 지어본다면?

_____

_____

_____

나는 나의 힘과 자신감을 늘 외부에서 찾고 있었다.

하지만 그것들은 항상 나의 내부에 있었다.

- 안나 프로이트 (Anna Freud) -

오늘 일어난 좋았던 일 하나 이야기해 줄래요 ?

_____

_____

나의 도전 미션
지금부터 한 마디 불평이나 짜증도 내지 않는
평온하고 즐거운 24시간을 만들어보라.

【Today's Player】　　　　　　　　　　　　【MEMO】

나는 오늘도 나를 찬미한다.

나는 누구보다 꿋꿋하고 당차게 살 거예요.

미래에 나에겐 어떤일이 일어날까?
(지금부터, 5년 후, 10년 후 ......)

_____

_____

_____

" 실험을 통해 경험을 얻을 수 없다.
만들 수도 없다.
반드시 겪어야 얻는다.

– 알베르 카뮈 (Albert Camus) –

오늘 일어난 가장 좋았던 일 한가지는 ?

_____

_____

【Today's Player】   【MEMO】

나는 나를 위해 투자한다.

나는 배우고, 즐기고, 여가를 보낼 거예요.

새로운 환경을 만났을때 나는 어떻게 적응하고 행동하지?

_____

_____

_____

장애물을 만났다고 반드시 멈춰야 하는 것은 아니다.

벽에 부딪힌다면 돌아서서 포기하지 말라.

어떻게 벽에 오를지, 벽을 뚫고 나갈 수 있을지,

또는 돌아갈 방법은 없는지 생각하라.

- 마이클 조던 (Michael Jordan) -

오늘 일어난 좋았던 일 하나 이야기해 줄래요?

_____

_____

【Today's Player】　　　　　　　　　【MEMO】

나는 순응한다.

나는 새로움을 조용히 받아들일 거예요.

나의 돈들은 어딜 향해 가는 걸까? 나의 돈은 어떤 모습을 하고 있을까?

_____

_____

_____

가지고 싶은 것은 사지 마라.

꼭 필요한 것만 사라.

작은 지출을 삼가하라.

작은 구멍이 거대한 배를 침몰시킨다

- 벤자민 플랭클린 (Benjamin FrankIin) -

오늘 일어난 가장 좋았던 일 한가지는 ?

_____

_____

〚Today's Player〛　　　　　　　　　　〖MEMO〗

나는 부자되는 길을 연다.

나는 돈을 벌고, 모으고,

유지하고, 쓰는 능력을 키울 거예요.

내가 힘들고 지칠때 힘이 되는 것들은 무엇일까?

_____

_____

_____

힘은 언제나 자기 안에 있다.

그래서 "힘을 내라." 라고 하지

"내 힘을 받아라." 라고 하지 않는 것이다.

- 격언 (格言) -

오늘 일어난 좋았던 일 하나 이야기해 줄래요?

_____

_____

【Today`s Player】   【MEMO】

나는 올레길을 걷는다.

나는 맑고 청량한 에너지로 충전할 거예요.

내가 절대로 버릴 수 없는 것은 뭘까? 그것을 특별하고 소중하게 하는 것은?

_____

_____

_____

빼앗긴 재산은 되찾을 수 있고
친구도 되찾을 수 있으며
땅도, 보석도 되찾을 수 있다.
세상의 모든 것은 언젠가는 다시 찾을 수 있다.
자기 몸만 빼고!
이것은 결코 다시 찾을 수 없다.

- 카우틸랴 (Kautilya) -

오늘 일어난 가장 좋았던 일 한가지는 ?

_____

_____

【Today's Player】   【MEMO】

나는 올라간다.
나는 튼튼한 사다리를 만들 거예요.

(자수성가를 위하여)

지금부터 내가 부자가 되기 위한 3가지 습관을 만든다면?

_____

_____

_____

한발만 앞서라.
모든 것은
한 발짝 차이이다.

- 이건희 (Lee, Kun Hee) -

오늘 일어난 가장 좋았던 일 한가지는 ?

_____

_____

【Today`s Player】   【MEMO】

나는 부족함을 발견한다.

나는 베끼고, 따라하고, 창조할 거예요.

CHAPTER 2.

누군가 "돈 잘 버세요?"라고 물을 때 뭐하고 답하는가?

~~~~~~
~~~~~~
~~~~~~

두툼한 지갑이 무조건 좋다고 말할 수는 없다.

그러나 텅 빈 지갑은 확실히 나쁘다.

- 탈무드 (Talmud) -

64
65

오늘 일어난 가장 좋았던 일 한가지는 ?

~~~~~~
~~~~~~

【Today's Player】   【MEMO】

나는 부(富)와 귀(貴)를 원한다.

나는 인생의 롤 모델을 정할 거예요.

나의 인생 가치관을 (과거 / 현재 / 미래로) 구분해 본다면?

_____

_____

_____

태양을 향해 쏜 화살은 태양근처까지 라도 간다.

우리는 인생의 화살을 스스로 힘껏 당겨서,

더욱 용감하고 담대하게 '태양'을 향해 쏠 필요가 있다.

지나간 일은 그대로 둘지라도

현재와 미래는 바꿀 수 있다고 믿는 용기 있는 사람이 되라.

— 정호 (頂豪) —

오늘 일어난 좋았던 일 하나 이야기해 줄래요 ?

_____

_____

【Today's Player】   【MEMO】

나는 업그레이드 한다.

나는 삶의 진정한 의미를 부여할 거예요.

(언제 / 누구와 / 어디에서)

내 기억에 남는 마음껏, 실컷 웃어본 적은?

_____

_____

_____

웃어라.

웃는 사람은 실제적으로

웃지 않는 사람보다 더 오래 산다.

건강은 실제로 웃음의 양에 달려 있다는 것을

아는 사람은 거의 없다.

— 제임스 월쉬 (James Walsh) —

오늘 일어난 좋았던 일 하나 이야기해 줄래요 ?

_____

_____

【Today's Player】　　　　　　　　　　【MEMO】

나는 웃음을 선택한다.

나는 맞서 싸우든가, 웃어 버리든가 할 거예요.

68
69

최근에 나를 가장 기쁘고 설레이게 한 소식은 무엇인가?

_____

_____

_____

이 세상에는 여러 가지 기쁨이 있지만,

그 가운데서 가장 빛나는 기쁨은 가정의 웃음이다.

그 다음의 기쁨은 어린이를 보는 부모들의 즐거움인데,

이 두 가지의 기쁨은 사람의 가장 성스러운 즐거움이다.

— 페스탈로치 (Pestalozzi, Johann Heinrich) —

오늘 일어난 좋았던 일 하나 이야기해 줄래요 ?

_____

_____

【Today's Player】   【MEMO】

나는 심장이 뛴다.

나는 큰 소리로 말할 거예요.

'너무 너무 사랑해'라고!

오늘 저녁 술 한잔 한다면. 어디에서 누구와 무엇을 마실까?

_____

_____

" 술은 행복한 자에게만 달콤하다. "

- 존 키츠 (John Keats) -

오늘 일어난 좋았던 일 하나 이야기해 줄래요 ?

_____

_____

나의 도전 미션

평소 별로 관심을 갖지 못했던 지인 10명에게 안부 전화를 하라.

【Today's Player】   【MEMO】

나는 속마음을 터놓는다.

나는 생각나는 대로 마음을 맡길 거예요.

내가 싫어질때는 언제 일까? 내가 싫어하는 나는 어떤모습 일까?

_____

_____

포기하는 사람보다 더 나쁜 이는

시작하길 두려워하는 사람이다.

슬픔이나 좌절이 생겼다 해도,

해 지기 전에 반드시 즐겁게 보낼

시간을 따로 마련하라.

– 얼 라이팅게일 (Earl Nightingale) –

오늘 일어난 좋았던 일 하나 이야기해 줄래요 ?

_____

_____

【Today's Player】   【MEMO】

나는 웃으면서 만족한다.

나는 매일 세 번씩

'충분해'라는 주문을 되뇔 거예요.

좋은 아이디어를 떠올려야 할 때 찾는 나의 최애 장소는?

_____

_____

_____

아이디어를 얻기 위해

뉴욕이나 다른 곳에 갈 필요가 없다.

자신의 방이나 정원, 심지어 욕조에서도

그토록 원하는 창의적인 영감을 발견할 수 있다.

- 정호 (頂豪) -

76
77

오늘 일어난 가장 좋았던 일 한가지는 ?

_____

_____

【Today's Player】　　　　　　　　【MEMO】

나는 멋진 구상을 한다.

나는 아지트를 쌈박하게 꾸밀 거예요.

(사회생활에서)

나만의 특별한 장점과 나의 강점을 어떻게 잘 활용하고 있나?

_____

_____

_____

아름다운 생활은 매일매일

당신의 뛰어난 장점을 활용하는 데서 생겨난다.

그리고 이러한 장점으로 지식과 역량, 미덕을 늘리는 데 쓴다.

이런 생활은 반드시 의미 있는 생활을 잉태할 것이고,

신성하기도 하다.

- 마틴 셀리그만 (Martin E.P. SeIigman) -

오늘 일어난 좋았던 일 하나 이야기해 줄래요?

_____

_____

【Today's Player】　　　　　　　　　　【MEMO】

나는 누구에게서나 배운다.

나는 세상의 속도를 따라잡을 거예요.

지금 나에게 급하고 절실하게 필요한 도움은?

_____

_____

인생의 90%는 돈이다.
그런데 돈은 항상 '부족'하고,'일시적'이며,
'획득하기 어렵다'는 3가지의 골치 아픈
특성이 있다는 걸 기억해야 한다.

- 조너선 스위프트 (Jonathan Swift) -

오늘 일어난 가장 좋았던 일 한가지는 ?

_____

_____

【Today's Player】　　　　　　　　【MEMO】

나는 우뚝 선다.

나는 인생의 폭풍우에 맞설 거예요.

갑자기 열 받고 흥분될 때 어떻게 대처하나?

_____

_____

_____

무슨 일이 있더라도

쓸데없이 논쟁하지 말라.

지면 기분이 상하고,

이기면 친구를 잃어버리는 것이

말싸움의 결말이다.

– 묵자(墨子) –

오늘 일어난 가장 좋았던 일 한가지는 ?

_____

_____

【Today's Player】　　　　　【MEMO】

나는 잠시 먼 곳을 바라본다.

나는 집착에서 한 걸음 물러날 거예요.

내가 그야말로 애호하는 차 & 커피 브랜드는? 그 향기가 주는 매력은?

_____

_____

행복해 지는 주문

1. 세상에서 내가 가장 행복해 !

2. 사랑합니다.

3. 고맙습니다.

4. 당신이 최고예요.

- 정호 (頂豪) -

오늘 일어난 좋았던 일 하나 이야기해 줄래요 ?

_____

_____

【Today's Player】   【MEMO】

나는 캐릭터 머그컵을 산다.

나는 한 잔의 차 & 커피처럼

삶의 순간을 음미해 볼 거예요.

오늘 어디로 기분전환 하러 가서 무엇을 해 볼까?

_____

_____

대자연은 신의 궁전이다.

여기에서 마음껏 걷고 뛰고 쉬자.

자연 속에 머물 수 있다는 건

일생 전체를 통해서 가장 큰 즐거움을 얻는 우리의 특권이다.

- 해영 (海英) -

오늘 일어난 좋았던 일 하나 이야기해 줄래요?

_____

_____

【Today's Player】   【MEMO】

나는 햇볕을 쬔다.

나는 자연의 즐거움을 만끽할 거예요.

Henry D. Thoreau.

예전에 내가 최대한 성공적으로 잘 해낸 일은?
지금부터 무엇을 하면 그런 성취감을 느낄 수 있을까?

_____

_____

_____

바쁘게 일하는 것이 중요한 것은 아니다.

개미도 바쁘게 일한다.

중요한 것은 '무엇을 하느라고 바쁜가?' 이다.

- 헨리 데이비드 소로우 (Henry David Thoreau) -

오늘 일어난 가장 좋았던 일 한가지는 ?

_____

_____

【Today's Player】   【MEMO】

나는 깊이 파고든다.
나는 성공경험을 극대화 할 거예요.

언제 들어도 내게 응원이 되는 말이 있다면?

_____

_____

" 우리는 너무 늦기 전에
우리의 삶을 시작해야 한다.
두려움은 멍청한 감정이다.
후회 또한 그렇다. "

- 마릴린 먼로 (Marilyn Monroe) -

오늘 일어난 좋았던 일 하나 이야기해 줄래요 ?

_____

_____

【Today's Player】   【MEMO】

나는 하고 싶은 것을 한다.

나는 겸손하고 당당하게 할 거예요.

내 눈에 제일 멋있는 거, 예뻐 보이는 거, 세련되게 보이는 거?

_____

_____

_____

눈부실 만큼 아름다운 것이

언제나 좋은 것은 아니다.

그러나 좋은 것은 언제나 아름답다.

- 니농 드 랑클로 (Ninon de LencIos) -

92
93

오늘 일어난 가장 좋았던 일 한가지는 ?

_____

_____

【Today's Player】   【MEMO】

나는 느낌에 충실한다.

나는 자신의 스타일링을 찾을 거예요.

Doing what you like is freedom. Liking what you do is happiness.

:Frank Tyger

내가 진정한 '삶의 자유'를 느끼고
나에게 '조용한 행복과 만족'이 스며드는 순간은?

_____

_____

_____

자신이 좋아하는 것을 하는 것이 자유이고,

자신이 하는 것을 좋아하는 것이 행복이다.

- 프랭크 타이거 (Frank Tyger) -

오늘 일어난 좋았던 일 하나 이야기해 줄래요 ?

_____

_____

나의 도전 미션
5분 동안 명상을 하라. 오직 호흡에 집중하라.
그리고 그 느낌을 반드시 글로 남겨보라.

【Today's Player】　　　　　　　　【MEMO】

나는 홀가분하게 산다.

나는 마음의 묵은 짐을 버릴 거예요.

내 인생을 바꿀 만한 영감을 준 사람을 만나게 된 계기는?

_____

_____

_____

만약 당신이 친구를 찾아 나선다면

친구를 발견하기 어려울 것입니다.

그러나 만약 당신이 친구가 되겠다고 나서면

어디에서나 친구를 발견할 것입니다.

- 지그 지글러 (Zig Ziglar) -

오늘 일어난 가장 좋았던 일 한가지는 ?

_____

_____

【Today's Player】   【MEMO】

나는 소중히 여긴다.

나는 나에게 베푼 이들을 존중 할 거예요.

힘들고 슬플 때 자신에게 꼭 해주고 싶은 말은?

_____

_____

_____

사람은 슬퍼서 우는 것이 아니라

울어서 슬퍼지고,

즐거워서 웃는 것이 아니라

웃어서 즐거워진다.

우리 세대의 가장 위대한 발견은

사람은 자기 마음을 고치기만 하면

자신의 인생까지도 고칠 수 있다는 것이다.

- 윌리엄 제임스 (William James) -

오늘 일어난 가장 좋았던 일 한가지는 ?

_____

_____

【Today's Player】　　　　　　　　　　【MEMO】

나는 된다 잘된다.

나는 일단 나를 믿는 것부터 시작할 거예요.

CHAPTER 3.

PRAISE MAKES EVEN FUN WHALES AND ELEPPANTS DANCE

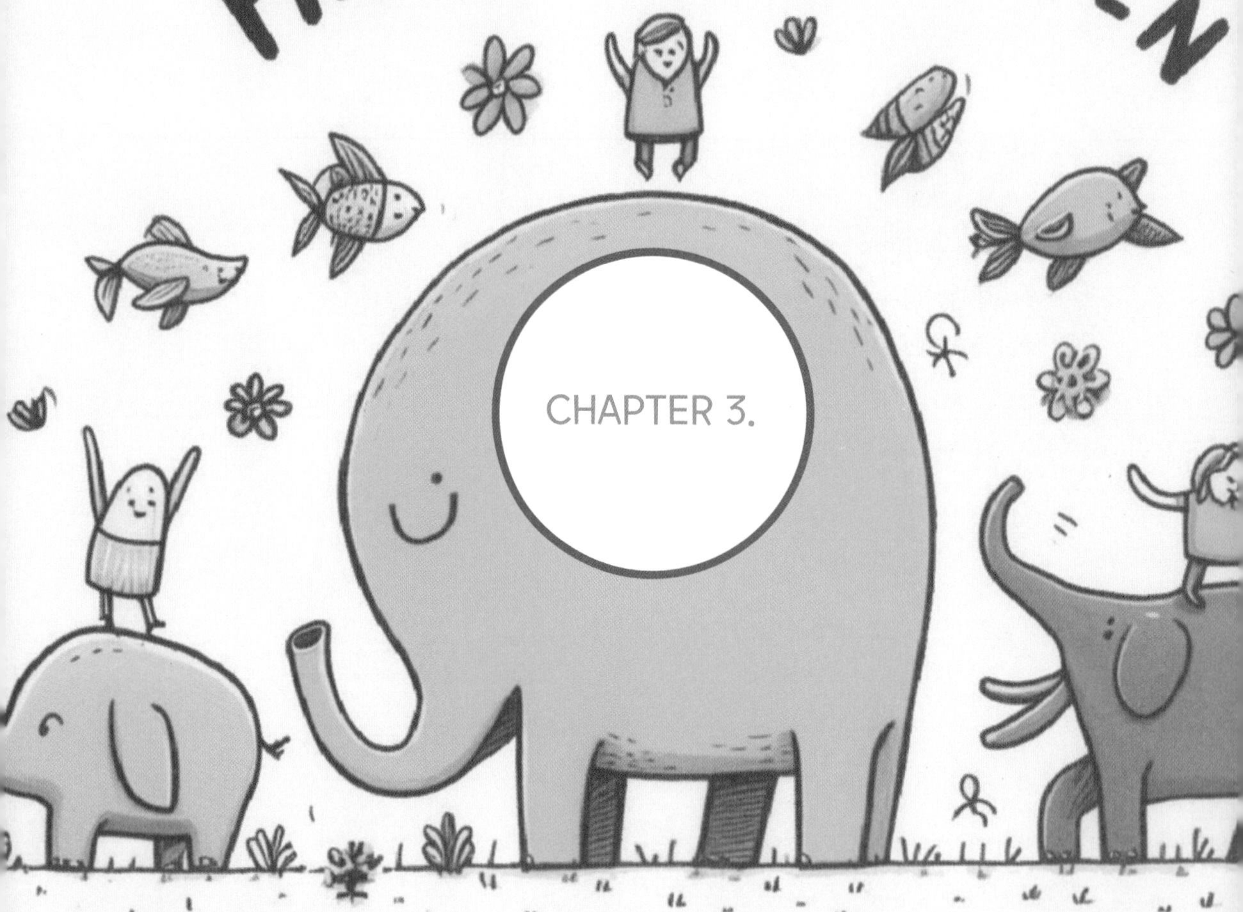

내가 정말 좋아하는 단어 & 좌우명 & 명언을 남겨보자.

_____

_____

_____

일생 동안 자신과 가족,

이웃에게 가장 많이 해야 하는 말은

'힘을 내렴, 걱정하지 말렴, 용기를 내,

고맙구나, 정말 대단하구나, 사랑해' 입니다.

– 정호 (頂豪) –

오늘 일어난 좋았던 일 하나 이야기해 줄래요 ?

_____

_____

【Today's Player】　　　　　　　　　【MEMO】

나는 제대로 칭찬한다.

나는 고래도 코끼리도 춤추게 할 거예요.

문득 밝은 달과 별을 보았을 때, 제일 먼저 떠오른 생각은?

_____

_____

" 당신이 자신을 소중한 존재라고 생각하지 않을지 몰라도

다른 누군가에게 당신은 소중한 존재이다. "

-제임스 R해거티(James R. Hagerty)

오늘 일어난 좋았던 일 하나 이야기해 줄래요 ?

_____

_____

【Today's Player】   【MEMO】

나는 마음을 정돈한다.

나는 내 꿈을 향해 기운을 낼 거예요.

내가 부자가 되어야 하는 이유, 진심으로 부자가 될 것으로 믿는가?

_____

_____

_____

끊임없이 자신의 문제를 묻고 생각하라.

모든 문제는 자신이 추구하고자 하는 대로 된다.

당신이 믿음을 가지고 있는 만큼

결국 현실에서 그대로 실현될 것이다.

- 탈 벤 샤하르 (Tal Ben Shahar) -

오늘 일어난 좋았던 일 하나 이야기해 줄래요 ?

_____

_____

【Today's Player】   【MEMO】

나는 확신한다.

나는 풍요로운 사람이 될 거예요.

"Our behavior toward others is often a reflection of

our treatment of ourselves."

Tal Ben-Shahar

(이걸 가지면 조금 더 행복해질 것 같아)

사고싶고 소장하고 싶은 BEST 10 상품은?

_____

_____

_____

탁자, 의자,

과일 한 바구니와 바이올린.

행복해 지는데

그 밖에 무엇이 더 필요하겠는가?

- 알버트 아인슈타인 (Albert Einstein) -

106
107

오늘 일어난 가장 좋았던 일 한가지는 ?

_____

_____

【Today's Player】　　　　　　　　【MEMO】

나는 나에게 선물을 준다.

나는 작지만 확실한 행복을 가질 거예요.

자신의 시간을 나를 위해서 얼마나 잘 쓰고 있나?

(그저께, 어제, 오늘) 나의 시간관리 능력은?

_____

_____

_____

자주 던져야 할 질문은

'당신은 자신의 시간을 옳은 일에 쓰고 있는가?' 입니다.

왜냐하면 시간은 당신이 갖고 있는 전부이기 때문입니다.

- 랜디 포시 (Randolph Frederick Pausch) -

오늘 일어난 가장 좋았던 일 한가지는 ?

_____

_____

【Today's Player】　　　　　　　【MEMO】

나는 미래만 본다.

나는 새로운 마음을 담을 거예요.

"The word "saturday" has the word "sat" in it.
Make sure your take the time this day to sit and relax."

- Catherine Pulsifer -

나는 스트레스 받는 일 앞에서 어떤 생각을 하나?

_____

_____

당신이 스트레스를 받고 있다면,
한가지 질문을 하라.
"5년 후에도 이것이 문제될 것인가?"
만약 그렇다면 그 상황을 해결하기 위해 노력하고,
아니면 넘어가라.

- 캐서린 펄시퍼 (Catherine Pulsifer) -

오늘 일어난 좋았던 일 하나 이야기해 줄래요 ?

_____

_____

【Today's Player】   【MEMO】

나는 스트레칭 한다.
나는 걱정거리를 노트에 적어 볼 거예요.

나의 멘토는 누구이며, 그와 어떤 대화를 나누고 싶나?

_____

_____

_____

대화는 당신이 배울 수 있는 기술이다.

그건 자전거 타는 법을 배우거나 타이핑을 배우는 것과 같다.

만약 당신이 그것을 연습하려는 의지가 있다면,

당신은 삶의 모든 부분의 질을 급격하게 향상시킬 수 있다.

- 브라이언 트레이시 (Brian Tracy) -

오늘 일어난 가장 좋았던 일 한가지는 ?

_____

_____

【Today's Player】　　　　　　　　【MEMO】

나는 세심히 경청한다.

나는 타인의 가르침을 간직 할 거에요.

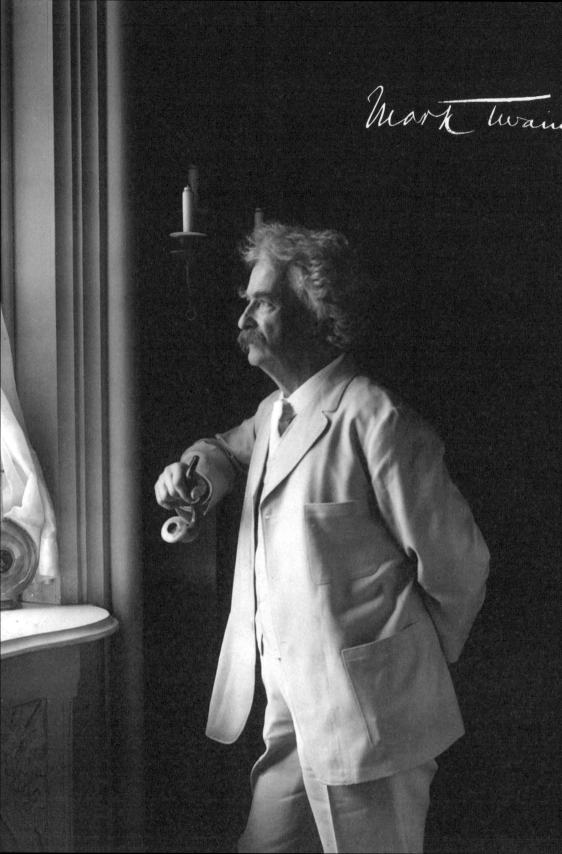

Mark Twain

내가 자주 가는 단골 맛집, 최고로 맛있게 즐겨먹는 계절별 음식은?

_____

_____

_____

인생에서 성공하는 비결 중 하나는

좋아하는 음식을 먹고,

힘내서 싸우는 것이다.

- 마크 트웨인 (Mark Twain) -

오늘 일어난 가장 좋았던 일 한가지는 ?

_____

_____

【Today's Player】   【MEMO】

나는 잘 먹는다.

나는 새로운 요리를 발견할 거예요.

1억을 모았다면 이제 무엇을 할까?

_____

_____

_____

" 사람들은 돈을 좋아하면서도

정작 돈을 좋아한다고 말하기를 꺼린다. "

- 레온 페스팅거 (Leon Festinger) -

오늘 일어난 가장 좋았던 일 한가지는 ?

_____

_____

나의 도전 미션

최근 베스트 셀러인 경제분야와 인문학 책을 한 권씩 구입하라.

【Today's Player】   【MEMO】

나는 재테크를 배운다.

나는 10년후에 10억 부자가 될 거예요.

내가 '이 맛에 돈 벌지' 라고 느끼고 흐뭇했던 순간들은?

_____

_____

_____

가끔 행복은

당신이 열어놓았는지

깨닫지도 못한 문을 통해

슬그머니 들어온다.

- 존 배리모어 (John Barrymore) -

오늘 일어난 좋았던 일 하나 이야기해 줄래요?

_____

_____

【Today's Player】　　　　　　　　　　【MEMO】

나는 짜릿함을 느낀다.

나는 찐~ 행복 배달부가 될 거예요.

118
119

나와 환상적인 케미를 보여주는 파트너는? 그 사람에게 배울 점은?

_____

_____

_____

인생에서 한 명의 탁월한 능력을 지닌 사람을 아는 것보다

더욱 아름다운 것, 그것은

'무엇도 두렵지 않아, 너와 함께 있다면' 이라고 속삭이는

친구를 한 명 갖는 것이다.

- 정호 (頂豪) -

오늘 일어난 좋았던 일 하나 이야기해 줄래요 ?

_____

_____

【Today's Player】　　　　　　　　　　【MEMO】

나는 헌신한다.

나는 기쁨도 슬픔도 함께 공유할 거예요.

나에게 언제나 너무 편안하게 느껴지는 장소를 자랑한다면?

_____

_____

_____

소중한 것을 깨닫는 장소는

언제나 컴퓨터 앞이 아니라

파란 하늘 아래였다.

- 다카하시 아유무 (たかはしあゆむ) 高橋步 -

오늘 일어난 좋았던 일 하나 이야기해 줄래요 ?

_____

_____

【Today's Player】   【MEMO】

나는 눈을 감아본다.

나는 하늘과 구름과 대화할 거예요.

최근에 아주 창의적이고 기발한 아이디어로 멋지게 한 일은?

_____

_____

이전에 관련이 없던 아이디어와 개념,

데이터와 지식을 새로운 방식으로 결합할 때

상상력과 창의력이 생겨난다.

- 앨빈 토플러 (Alvin Toffler) -

오늘 일어난 가장 좋았던 일 한가지는 ?

_____

_____

【Today's Player】　　　　　　　　【MEMO】

나는 호기심을 발동시킨다.

나는 실험을 통해 증명해 볼 거예요.

늘 벼르기만 하고 못 해본 일, 세 가지만?

_____

_____

_____

끝까지 해보기 전까지는

늘 불가능해 보입니다.

- 넬슨 만델라 (NeIson MandeIa) -

오늘 일어난 좋았던 일 하나 이야기해 줄래요 ?

_____

_____

나의 도전 미션
나의 가장 큰 약점 3가지를 목록으로 만들어라.
그리고 이 3가지를 강점으로 만들 수 있는 아이디어를 끌어내라.

[Today's Player]   [MEMO]

나는 한번이라도 더 해 본다.

나는 쉬운 것부터 완성해 볼 거예요.

나는 예전보다 행복하고 만족스러운 삶을 위해 어떤 노력을 하고 있나?

정말 행복하려면,

"우린 어떻게 하면 우리가 행복해 질 수 있을까,

매일매일 그 생각만 하세요."

그리고 이 가사를 신명나게 불러보세요.

"얻었네 얻었네 ♬ 세상을 얻었네 ♬ 내가, 우리가 세상을 얻었네"

- 정호 (頂豪) -

오늘 일어난 좋았던 일 하나 이야기해 줄래요 ?

【Today's Player】   【MEMO】

나는 끼를 발휘한다.

나는 노래와 춤을 흥겹게 출 거예요.

남은 세월이 얼마나 된다고

가슴 아파하지 말고

나누며 살다 가자

버리고 비우면

또 채워지는 것이 있으니

사랑하는 마음으로

감사하는 마음으로

살다가자.

나는 그리울 때, 보고 싶을 때, 사랑할 때의 감정을 어떻게 표현하나?

_____

_____

머리와 입으로 하는 사랑에는 향기가 없다.

진정한 사랑은 이해, 포용, 동화, 자기 낮춤이 선행된다.

"사랑이 머리에서 가슴으로 내려오는데 칠십년이 걸렸다."

– 김수환 (Kim, Su Hwan) –

오늘 일어난 좋았던 일 하나 이야기해 줄래요?

_____

_____

【Today's Player】   【MEMO】

나는 사랑에 빠진다.

나는 사랑의 씨앗을 심고 퍼트릴 거예요.

한 번도 해보지 않은 운동 중에 꼭 시도해보고 싶은 건?

_____

_____

_____

우리들의 행복은 십중팔구까지

건강에 의해 좌우되는 것이 보통이다.

건강은 바로 만사의 즐거움과 기쁨의 원천이 된다.

– 쇼펜하우어 (Schopenhauer, Arthur) –

오늘 일어난 가장 좋았던 일 한가지는 ?

_____

_____

【Today's Player】　　　　　　　　　　【MEMO】

나는 몸치를 탈출한다.

나는 하루에 7분을,

체력을 기르는데 투자할 거예요.

(누군가에게 꼭 해주고 싶었던 이야기)

속이 뻥 뚫릴 것만 같은 마음속에 담아둔 말을 표현해보자.

....

....

....

말하는 걸 배우는 데는
2년이 걸렸지만,
말하지 않는 법을 익히는 데는
60년이 걸렸습니다.

- 이병철 (Lee, Byung Chul) -

134
135

오늘 일어난 가장 좋았던 일 한가지는 ?

....

....

【Today's Player】   【MEMO】

나는 단순하게 말한다.

나는 명쾌, 통쾌, 상쾌하게 전달할 거예요.

CHAPTER 4.

타임머신을 타고 과거로 돌아가 꼭 바꾸고 싶은 일이 있다면?

_____

_____

_____

숫눈길을 걷는 사람만이 제 발자국을 남긴다.

- 격언 (格言) -

오늘 일어난 좋았던 일 하나 이야기해 줄래요 ?

_____

_____

나의 도전 미션
가장 본받고 싶은 현존 인물들의 리스트를 작성하라.
최대한 그들과 연락하라.

【Today's Player】   【MEMO】

나는 용감해진다.

나는 가지 않은 길을 가볼 거예요.

내가 해 보고 싶은 미래의 유망한 창업아이템을 고른다면?

_____

_____

_____

안전선 안에 안주한다고 반드시 항상 안전한 것은 아니다.

기업의 제자리걸음은 후퇴와 마찬가지다.

경제 전선에서의 경쟁은 총칼만 휘두르지 않는 전쟁이다.

그리고 실제 전쟁에서는 방어의 이득도 있지만,

경제 전쟁에서는 선두를 빼앗기면 진다.

- 정주영 (Chung, Joo Young) -

오늘 일어난 가장 좋았던 일 한가지는 ?

_____

_____

【Today's Player】   【MEMO】

나는 매사에 전념한다.

나는 관심 분야의 Top 클래스에 들 거예요.

S. Francis. Bacon. Lord
Keeper and afterwards
Lord·Chancellor of
England, 1617

Fra Bacon

나에게 부자는 어떤 이미지일까? 돈은 어떤 이미지 일까?

_____

_____

부를 경멸하는 사람이 있다.

그것은 부자가 될 희망이 없기 때문이다.

당신이 부자가 되고 싶다면,

먼저 돈을 예뻐하고 사랑하고 소중히 여겨라.

- 프랜시스 베이컨 (Francis Bacon) -

오늘 일어난 가장 좋았던 일 한가지는 ?

_____

【Today's Player】   【MEMO】

나는 시간과 정성을 쏟는다.

나는 돈은 돈을 벌기위한 도구라고 여길 거예요.

나는 누군가를 얼마나 사랑하고 있나?

나의 소중한 사람에게 보내는 사랑의 메시지를 남겨보자.

_____

_____

단 한 번 사랑하고 평생을 그리워할 지라도,

사랑이란 무조건 한 번쯤은 빠져볼 만한 감정이 아닐까.

사랑이 아니라면

'나보다 남을 더 배려하고, 나보다 남을 더 생각할 수도 있다'는

인간의 아름다움을 경험하지 못하기 때문이다.

- 정호 (頂豪) -

오늘 일어난 좋았던 일 하나 이야기해 줄래요 ?

_____

_____

【Today's Player】　　　　　　　　　　　【MEMO】

나는 사랑함을 표현한다.

나는 진심어린 마음의 편지를 쓸 거예요.

요즘 특별히 아끼게 된 장소가 있다면? (카페, 맛집, 서점……)

이 지상에는 흥미없는 것은 없다.

관심을 갖지 않는 사람이 있을 뿐이다.

– G. K. 체스터턴 (G K Chesterton) –

오늘 일어난 가장 좋았던 일 한가지는 ?

【Today's Player】　　　　　　　　【MEMO】

나는 관심을 가진다.

나는 사소한 즐거움도 챙겨볼 거예요.

최근에 내 마음에는 어떤 서운함이나 우울, 걱정거리가 있나?

_____

_____

세상에는 너무 지나치게 쓰면 안되는 것이
세 가지 있다.
그것은
소금,
망설임,
쓸데없는 걱정이다.

- 탈무드 (Talmud) -

오늘 일어난 가장 좋았던 일 한가지는 ?

_____

_____

【Today's Player】   【MEMO】

나는 힘을 낸다.
나는 마음의 여유를 가질 거예요.

나에게 없어서는 안 되는 인류의 발명품은?

_____

_____

_____

저급한 예술가는

베끼고,

위대한 예술가는

훔친다.

- 파블로 피카소 (Pablo Picasso) -

오늘 일어난 가장 좋았던 일 한가지는 ?

_____

_____

【Today's Player】　　　　　　　　　　【MEMO】

나는 골몰히 연구한다.

나는 개성 있는 레시피를 만들 거예요.

Discontent is like ink poured into water,

which fills the whole fountain full of blackness.

- Owen Feltham

(누군가와 지금 화해하고 싶다면)
내가 먼저 손을 내밀고 화해하고 싶은 사람에게 전할 메시지는?

....

....

....

가치 있는 적이 될 수 있는 자는

화해하면,

더 가치 있는 친구가 될 것이다.

- 오웬 펠덤 (Owen Feltham) -

오늘 일어난 가장 좋았던 일 한가지는?

....

....

【Today's Player】　　　　　　　　　【MEMO】

나는 먼저 다가선다.

나는 배려하고 격려하고 채워줄 거예요.

(최근에 내 삶의 질을 높여준) 최고 잘한 소비 Best 5 품목 ?

....

....

....

사람의 일생은 돈과 시간을 쓰는

방법에 의하여 결정된다.

이 두 가지 사용법을 잘못하여서는

결코 성공할 수 없다.

– 다케우치 히토시 (Takeuchi, Hitoshi) –

오늘 일어난 가장 좋았던 일 한가지는 ?

....

....

【Today's Player】　　　　　　　　　【MEMO】

나는 취향대로 산다.

나는 평소 찜해둔 걸 꼭 살 거예요.

152
153

기적이 존재한다'는 말을 믿는다면,
나에게 어떤 기적이 (언제, 어디서) 일어나길 원하는가?

_____

_____

_____

기적이 있는지 없는지는 확실하지 않다.
하지만,
믿음을 버리는 순간
기적도 함께 사라지는 것은 확실하다.

- 정호 (頂豪) -

오늘 일어난 가장 좋았던 일 한가지는 ?

_____

_____

【Today's Player】   【MEMO】

나는 자신을 신뢰한다.

나는 부자가 되는 기적을 이룰 거예요.

(딱 하루만 인생을 바꿀 수 있다면)

누구와 바꾸어서 무엇을 하고 싶나?

_____

_____

_____

어느 누구도 과거로 돌아가서

새롭게 시작할 수는 없지만

지금부터 시작해서

새로운 결말을 맺을 수는 있다.

- 카를 바르트 (Karl Barth) -

오늘 일어난 가장 좋았던 일 한가지는 ?

_____

_____

【Today's Player】　　　　　　　　【MEMO】

나는 오늘부터 시작한다.

나는 스스로에게 날마다 최면을 걸 거예요.

Falling down is not a failure.
Failure comes when you stay where
you have fallen.
Socrates

(지금은 작고하신 인물 중에서)
풍성한 한식 만찬을 준비한다면 누구누구를 초대하고 싶은가?

....

....

....

보다 나은 인간이 되기 위해
애쓰면서 사는 것보다도 더 훌륭한 삶은 없다.
그리고 실제로 보다 나아지고 있음을
느끼는 것보다도 더 큰 만족감은 없다.

- 소크라테스 (Socrates) -

158
159

오늘 일어난 가장 좋았던 일 한가지는 ?

....

....

【Today's Player】   【MEMO】
나는 세상을 훔친다.
나는 내 안의 잠든 거인을 깨울 거예요..

특정한 시간이 주어진다면 새로 배워보고 싶은 것은?

_____

_____

_____

들은 것은 잊어버리고,

본 것은 기억하고

직접 해본 것은 이해한다.

- 공자 (孔子) -

오늘 일어난 가장 좋았던 일 한가지는 ?

_____

_____

나의 도전 미션

끊임없이 영감을 얻는 삶을 위해

창의적인 동영상을 제공하는 채널을 찾아 구독하라.

【Today's Player】 　　　　　　　【MEMO】

나는 키워드를 정한다.

나는 나의 강점들을 만들어 갈 거예요.

오늘 어떤 풍경을 오래 바라보았고, 어떤 생각에 잠시 빠져 있었나요?

_____

_____

_____

인생은 하나의 큰 캔버스입니다.

그러니 그 위에 당신이 그릴 수 있는

모든 그림을 그려야 합니다.

- 데니 케이 (Danny Kaye) -

오늘 일어난 좋았던 일 하나 이야기해 줄래요 ?

_____

_____

【Today's Player】   【MEMO】

나는 생각에 잠긴다.

나는 즐거운 미래를 상상할 거예요.

(나에게 재물 복이 있다면)
어떤 근거로 얼마쯤 될 것으로 예측하는가?

_____

_____

두 배로 생각하라.

두 배로 노력하라.

그것이 가진 것 없는 보통 사람이 성공하는 비결이다.

- 인드라 누이 (Indra Nooyi) -

오늘 일어난 가장 좋았던 일 한가지는 ?

_____

_____

【Today's Player】   【MEMO】

나는 운(運)을 믿는다.
나는 스스로의 운명을 설정할 거예요.

어릴 적 무엇을 할 때 시간 가는 줄 모르고 즐겁게 놀았나요?

_____

_____

_____

즐거움도 찾아야 생기는 법이다.

자기가 하고 있는 일에

재미를 느끼지 못 한다면

좀처럼 성공할 수 없다.

166

167

- 데일 카네기 (Dale Carnegie) -

오늘 일어난 가장 좋았던 일 한가지는 ?

_____

_____

【Today's Player】   【MEMO】

나는 옛 기억을 회상한다.

나는 정겨운 추억을 떠올릴 거예요.

나의 로망을 담아낸 언젠가 꼭 갖고 싶은 집이 있다면?

_____

_____

_____

자신의 집에서

자신의 세계를 가지고 있는

사람보다

더 행복한 사람은 없다.

-괴테 (Johann Wolfgang von Goethe) -

오늘 일어난 가장 좋았던 일 한가지는 ?

_____

_____

【Today`s Player】 　　　　　　　　　　【MEMO】

나는 공간을 창조한다.

나는 책과 음악과 그림을 둘 거예요.

C L Dodgson
[alias "Lewis Carroll"]

(부정적인 생각이 들 때)

당장 기분을 업(up) ~ 시켜주는 나만의 특급 처방전은?

_____

_____

내 기분은 내가 정해.

오늘은 행복으로 할래!

나는 어제로 돌아갈 수 없어.

왜냐하면

나는 그때와 다른 사람이기 때문이야.

- 루이스 캐럴 (Lewis Carrol) -

오늘 일어난 가장 좋았던 일 한가지는 ?

_____

_____

【Today's Player】   【MEMO】

나는 음악을 크게 튼다.

나는 콧노래를 부르면서 샤워를 할 거예요.

CHAPTER 5.

나는 필요한 돈이 부족할 때 어떻게 대처하나?

_____

_____

_____

돈을 사랑한다고 입버릇처럼 말하라.

돈은 우리에게 사랑한다고, 감사한다고 말해 주지 않습니다.

그렇기에 우리 스스로 이렇게 말해야 합니다.

"나는 돈에게 감사받고 있어." "그래. 나는 돈에게 정말 사랑받고 있어."

이런 식으로 생각날 때마다 말하는 습관을 들이면 부자가 됩니다.

- 정호 (頂豪) -

오늘 일어난 가장 좋았던 일 한가지는 ?

_____

_____

【Today's Player】

나는 돈을 사랑한다.

나는 마법 같은 주문을 계속 외울 거예요.

【MEMO】

"We can't start over again, and it wouldn't
"be perfect" if we could. We can only continue."
"Treat yourself at least as well as
you treat other people."

- Theodore Isaac Rubin -

나의 뒷모습은 어떤 표정일까?

_____

_____

_____

당신의 외모에 신경을 써라!
다른 사람들도 그렇게 하고 있다!

- 디오도어 루빈(Theodore Isaac Rubin) -

오늘 일어난 가장 좋았던 일 한가지는 ?

_____

_____

【Today's Player】　　　　　　　【MEMO】

나는 멋지게 꾸민다.

나는 예쁜 전신 거울을 살 거예요.

나만의 부자 기도문을 만들어 본다면?

_____

_____

_____

싸움터에 나갈 때는 한번 기도하라,

바다에 나갈 때는 두번 기도하라,

그리고 결혼할 때는 3번 기도하라.

정말 부자가 되고 싶을 때는 매일 기도하라.

- 격언 (格言) -

오늘 일어난 가장 좋았던 일 한가지는 ?

_____

_____

【Today`s Player】　　　　　　　【MEMO】

나는 쉬지 않고 기도한다.

나는 지혜를 구하고 실천할 거예요.

오늘 내가 만난 작은 행운 세 가지를 나열해 본다면?

_____

_____

_____

행운은 눈이 멀지 않았다.

따라서 부지런하고 성실한 사람을 찾아간다.

앉아서 기다리는 사람에게는 영원히 찾아오지 않는다.

걷는 사람만이 앞으로 나아갈 수 있다.

노력하는 사람에게 행운이 찾아온다.

- 클레망소 (Georges Clemenceau) -

오늘 일어난 가장 좋았던 일 한가지는 ?

_____

_____

【Today's Player】   【MEMO】

나는 움직인다.

나는 버리고 세우고 지킬 거예요.

건강을 지키기 위한 나만의 건강 비결 3가지는?

_____

_____

_____

당신이 건강을 원한다면,

먼저 약물과 광고와 조급함을 경계하라.

마음공부야말로

그 어떤 중독의 위험이 없는 '최고의 보약'이다.

- 정호 (頂豪) -

오늘 일어난 가장 좋았던 일 한가지는 ?

_____

_____

【Today's Player】　　　　　　　　【MEMO】

나는 자연치유를 믿는다.

나는 제철음식을 골고루 먹을 거예요.

돈이 있어서 '다행이다' '행복하다'고 느꼈던 적은?

_____

_____

_____

내 주머니의 푼돈이 남의 주머니에 있는 거금보다 낫다.

- 미겔 데 세르반테스 (Miguel de Cervantes) -

오늘 일어난 가장 좋았던 일 한가지는 ?

_____

_____

나의 도전 미션

오늘 잘 생각해서 내일 하루는 최고로 멋지게 차려 입어보라.

그리고 인생의 사진을 남겨보라.

【Today's Player】   【MEMO】

나는 꼭 저축한다.

나는 적금으로 종잣돈을 만들 거예요.

(요즘 가장 핫한 이슈로 부각되어)

새롭게 관심을 갖고 집중하게 된 분야가 있다면?

_____

_____

_____

복잡하게 생각하지 않고

명료하게 산다.

어떤 일이든 무관심하지 않고

모르면 알려고 노력한다.

- 마셜 필드 (Marshall Field) -

오늘 일어난 가장 좋았던 일 한가지는 ?

_____

_____

【Today's Player】　　　　　　　　　　【MEMO】

나는 새로워진다.

나는 사고방식을 전환해 볼 거예요.

나에게 3일(72시간)의 완전한 자유시간이 주어진다면 하고 싶은 건?

_____

_____

_____

우리는 항상 전진해야 한다.

새로운 길을 찾고, 새로운 것을 시도하며

계속 전진해 나가야 한다.

우리는 호기심으로 가득 차 있고

그 호기심은 우리를 항상 새로운 곳으로

인도하기 때문이다.

\- 월트 디즈니 (Walt Disney) -

오늘 일어난 가장 좋았던 일 한가지는 ?

_____

_____

【Today's Player】　　　　　　　　【MEMO】

나는 미래를 담아본다.

나는 타인의 시선에서 벗어날 거예요.

나는 부자가 되면 재산의 얼마를 기부할 건가?

_____

_____

_____

인생을 뒤돌아 볼 때

어떤 변명도,

어떤 설명도,

어떤 후회도 없게 하십시오.

- 스티브 마라볼리 (Steve Maraboli) -

오늘 일어난 가장 좋았던 일 한가지는 ?

_____

_____

【Today's Player】　　　　　　　　　【MEMO】

나는 주머니를 연다.

나는 떳떳하게 벌고 화끈하게 쓸 거예요.

Leo Tolstoy.

누군가 내 험담을 하였을 때 어떻게 대응하였고, 어떻게 할 것인가?

_____

_____

_____

깊은 강물은 돌을 던져도 흐리지 않는다.
모욕을 받고 이내 격분하는 사람은
강이 아닌 조그마한 웅덩이에 불과하다.
조금 화가 나면
행동을 하기 전에, 말을 하기 전에 열을 세라.
몹시 화가 났을 때는 백을 세라.
화가 날 때마다 이렇게 하다보면, 숫자를 셀 필요조차 없어진다.

- 톨스토이 (Leo Tolstoy) -

오늘 일어난 가장 좋았던 일 한가지는 ?

_____

_____

【Today's Player】　　　　　　　　　【MEMO】

나는 쿨하게 받아들인다.
나는 먼저 인사를 건넬 거예요.

190
191

내가 한 손으로 꼽을 수 있는 진정한 친구, 그는 어떤 사람인가?

_____

_____

_____

아무도 내 편이 아닌 것 같은 세상에서

사랑만큼이나 소중한 우정,

때로는 사랑보다 더 커다란 버팀목이 되어

우리의 외로움을 지켜주는 것은 친구이다.

- 톨킨 (J. R. R. Tolkien) -

오늘 일어난 가장 좋았던 일 한가지는 ?

_____

_____

【Today's Player】   【MEMO】

나는 다름을 인정한다.

나는 서로를 통해 성장할 거예요.

Thomas A. Edison

나는 중요한 결정을 할 때 직감을 믿는 편인가?

_____

_____

_____

1%의 영감이 없다면

99%의 노력도 가치를 잃는다.

-토머스 앨바 에디슨(Thomas Alva Edison)-

오늘 일어난 가장 좋았던 일 한가지는 ?

_____

_____

【Today's Player】   【MEMO】

나는 주머니를 연다.

나는 떳떳하게 벌고 화끈하게 쓸 거예요.

인생은 어떻다고 생각하는가? 다음 넷 중에 골라보자. 그 이유는?
(공평하다, 공평하지 않다, 가끔 공평하다, 오늘은 아니다)

길을 가다가 돌이 나타나면

약자는 그것을 걸림돌이라고 말하고,

강자는 그것을 디딤돌이라고 말한다.

- 토마스 칼라일 (Thomas Carlyle) -

196
197

오늘 일어난 가장 좋았던 일 한가지는 ?

【Today's Player】　　　　　　　　　　【MEMO】

나는 여러 개의 꿈을 꾼다.

나는 한 단계 한 단계 이뤄 갈 거예요.

내가 해 본일 중에서 너무 큰 아쉬움과 미련이 남았던 경험은?

_____

_____

_____

모든 일에는 최선을 다해야 한다.

중도에 그만둔 사람은 영원히 성취할 수 없다.

- 윌리엄 셰익스피어 (William Shakespeare) -

오늘 일어난 가장 좋았던 일 한가지는 ?

_____

_____

【MEMO】   【Today's Player】

나는 부가가치를 높인다.

나는 새로운 영역을 개척할 거예요.

"Beauty itself doth of itself persuade
The eyes of men without an orator."

- William Shakespeare -

어느 날 내가 벼락부자가 되었다는 소문을 듣고,
고등학교 짝꿍이 1000만원을 갑자기 빌려달라고 하면?

_____

_____

_____

돈 빌려 달라는 것을 거절함으로써

친구를 잃는 일은 적지만,

반대로 돈을 빌려줌으로써

도리어 친구를 잃기 쉽다.

- 쇼펜하우어 (Arthur Schopenhauer) -

오늘 일어난 가장 좋았던 일 한가지는 ?

_____

_____

【Today's Player】   【MEMO】

나는 솔직하게 말한다.

나는 인생의 벗은 가리어서 사귈 거예요.

이럴 때 기분이 정말 좋고 뿌듯하다 하는 순간은?

_____

_____

큰 행복을

느끼기 위해선

큰 고통과 불행을 먼저 가져야 한다.

그렇지 않으면 이게 행복인지 어떻게 알겠는가?

- 레슬리 캐런 (Leslie Caron) -

오늘 일어난 가장 좋았던 일 한가지는 ?

_____

_____

【Today's Player】   【MEMO】

나는 충분히 즐긴다.

나는 피하지 못할 일은 즐길 거예요.

피로를 쉽고 빠르게 푸는 나만의 꿀팁을 전수한다면?

_____

_____

"재산을 모으기 위해 건강을 해치지 마라.

건강이 곧 재산이다."

- 프랜시스 베이컨 (Francis Bacon) -

오늘 일어난 가장 좋았던 일 한가지는 ?

_____

_____

나의 도전 미션

나 자신에 대해 생각하며,

30분 동안 평탄하고 안전한 산책로에서 맨발로 걸어보라.

【Today's Player】   【MEMO】

나는 공(功)을 들인다.

나는 나만의 명상법을 만들어 볼 거예요.

내가 제일 해 보고 싶은 도전은 무엇이며, 어떻게 실행할 것인지?

||||||||||||||||||||||||||||||||||||||||||||||||||||||||||||||||||||||||||||||||||||||||||||||||||||

||||||||||||||||||||||||||||||||||||||||||||||||||||||||||||||||||||||||||||||||||||||||||||||||||||

||||||||||||||||||||||||||||||||||||||||||||||||||||||||||||||||||||||||||||||||||||||||||||||||||||

앞으로 10년 후에

당신은 저지른 일보다는

저지르지 않은 일에 더 실망하게 될 것이다.

그러니 빗장을 풀고 안전한 항구를 벗어나 항해를 떠나라.

돛에 무역풍을 가득 담고 탐험하고, 꿈꾸며, 발견하라!

- 마크 트웨인 (Mark Twain) -

오늘 일어난 가장 좋았던 일 한가지는?

||||||||||||||||||||||||||||||||||||||||||||||||||||||||||||||||||||||||||||||||||||||||||||||||||||

||||||||||||||||||||||||||||||||||||||||||||||||||||||||||||||||||||||||||||||||||||||||||||||||||||

【Today's Player】　　　　　　　　　【MEMO】

나는 나를 자극한다.

나는 죽기 살기로 3년만 해 볼 거예요.

Mark Twain

CHAPTER 6.

내 성격에서 조금 달라졌으면 하는 부분은?

_____

_____

_____

성질이 조급하고 인정이 없고 기질이 옹색한 자는

한 가지도 이루어지는 일이 없고,

마음이 화평하고 타인을 배려하고 기상이 평탄한 자는

백 가지 복이 절로 모이느니라.

- 채근담 (菜根譚) -

오늘 일어난 가장 좋았던 일 한가지는 ?

_____

_____

[Today's Player]　　　　　　　　　　[MEMO]

나는 습관을 고친다.

나는 나에게 힘찬 응원을 할 거예요.

요즘 내게 '이 낙(樂)에 산다' 하는 것은?

———————————————
———————————————

———————————————
———————————————

———————————————
———————————————

다리를 움직이지 않고는 좁은 도랑을 건널 수 없다.

소원과 목적은 있으되 노력이 따르지 않으면

아무리 환경이 좋아도 소용이 없다.

비록 재주가 뛰어나지 못하더라도

꾸준히 노력하는 삶을 사는 사람은

반드시 성공을 거두게 된다.

– 알랭 (Alain Émile-Auguste Chartier) –

오늘 일어난 가장 좋았던 일 한가지는 ?

———————————————
———————————————

———————————————
———————————————

【Today's Player】   【MEMO】

나는 읽고 쓰기를 반복한다.

나는 온전한 자유 시간을 보낼 거예요.

최근에 세상은 아직 살아볼 만하다고 여기게 해주는 좋은 뉴스거리는?

_____

_____

세상에서 가장 듣고 싶은 건

건강 검진 후에,

의사가 "당신은 아주 건강합니다". 라는 말이다.

- 정호 (頂豪) -

오늘 일어난 가장 좋았던 일 한가지는 ?

_____

_____

【Today`s Player】   【MEMO】

나는 식단을 체크한다.

나는 탄수화물 섭취를 줄여 볼 거예요.

하루 동안 초능력을 가질 수 있다면 어떤 것을 원하는가?

_____

_____

_____

자기가 할 수 있는

모든 것을 하는 것은 인간이 되는 것이요,

자기가 하고 싶은

모든 것을 하는 것은 신이 되는 것이다.

- 나폴레옹 보나파르트 (Napoléon Bonaparte) -

214
215

오늘 일어난 가장 좋았던 일 한가지는 ?

_____

_____

【Today`s Player】   【MEMO】

나는 소원을 이룬다.

나는 오늘 하루를 평생처럼 기억할 거예요.

내 인생에서 해 본 가장 재미있는 상상과 엉뚱한 행위는?

_____

_____

_____

상상은 참 늘 흐뭇하다.

당신의 상상 속에 어떠한 장애물도 두지 마라.

다행히 물건을 탐욕하는 욕심만 아니라면

마음부자로 넉넉히 살수가 있다.

- 정호 (頂豪) -

오늘 일어난 가장 좋았던 일 한가지는 ?

_____

_____

【Today's Player】   【MEMO】

나는 함께 상상을 해본다.

나는 엉뚱한 친절과 선행을 베풀 거예요.

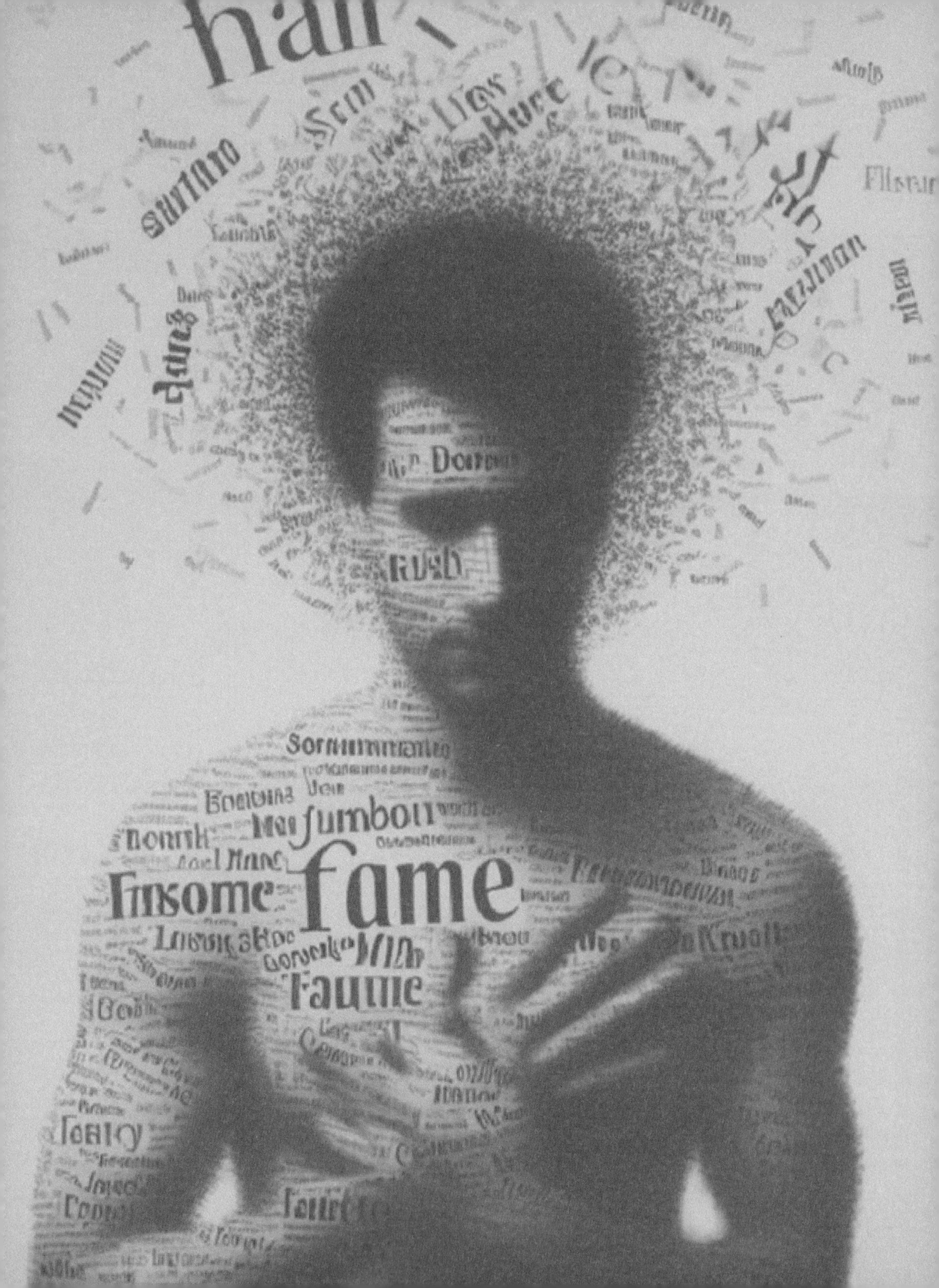
fame

내 이름엔 어떤 의미가 담겨있고, 지금 나는 어떻게 불려지고 싶은가?

_____

_____

_____

사람은 세 가지 이름을 갖는다.

양친이 태어났을 때 붙여 주는 이름,

친구들이 우애의 정을 담아 부르는 이름,

그리고 자기 생애가 끝났을 때 획득하는 명성(名聲)의 세가지이다.

- 탈무드 (Talmud) -

오늘 일어난 가장 좋았던 일 한가지는 ?

_____

_____

【Today's Player】　　　　　　　　　【MEMO】

나는 나를 일깨운다.

나는 다시 내 이름을 찾아올 거예요.

내가 다른 사람을 판단하는 세 가지 기준을 설정한다면 ?

_____

_____

_____

사람의 웃는 모양을 보면
그 사람의 본성을 알 수 있다.
누군가를 파악하기 전
그 사람의 웃는 모습이 마음에 든다면
그 사람은
선량한 사람이라고 자신있게 단언해도 되는 것이다.

- 도스토예프스키 (Dostoevskii) -

220
221

오늘 일어난 가장 좋았던 일 한가지는 ?

_____

_____

【Today's Player】   【MEMO】

나는 품성과 됨됨이를 살핀다.

나는 내면을 보는 안목을 기를 거예요.

나의 인생 영화 & 강렬하게 기억에 남고 추천하고픈 영화는?

_____

_____

_____

당신이 주인공이다.

원하는 인생을 위해

대본을 쓰고, 연출을 하고, 각색을 하라.

자신의 삶을 영화처럼 만들 수 있는 자는

자신뿐이다.

– 정호 (頂豪) –

오늘 일어난 가장 좋았던 일 한가지는 ?

_____

_____

[Today's Player]   [MEMO]

나는 나만의 멋을 연출한다.

나는 내 인생 다큐를 남길 거예요.

내가 닮고 싶은 부자 & 나는 어떤 스타일의 부자로 살고 싶나?

_____

_____

_____

세상에는 두 부류의 사람이 있다.

자신이 할 수 있다고 생각하는 사람과

자신이 할 수 없다고 생각하는 사람이다.

물론 두 사람이 말이 다 옳다.

그가 생각하는 데로 되기 때문이다.

- 이건희 (Lee, Kun Hee) -

오늘 일어난 가장 좋았던 일 한가지는 ?

_____

_____

【Today's Player】　　　　　　　　【MEMO】

나는 책책책 책을 산다.

나는 최소한 지식의 부자가 될 거예요.

나 자신의 경력을 위해 무엇을 준비하고 배워야 할까?

＝＝＝＝＝＝＝＝＝＝＝＝＝＝＝＝＝＝＝＝＝＝＝＝＝＝

＝＝＝＝＝＝＝＝＝＝＝＝＝＝＝＝＝＝＝＝＝＝＝＝＝＝

＝＝＝＝＝＝＝＝＝＝＝＝＝＝＝＝＝＝＝＝＝＝＝＝＝＝

주변을 둘러봐도
내가 꿈꾸는 차가 없었다. 그래서 직접 만들기로 했다.

- 페리 포르쉐 (Ferry Porsche) -

오늘 일어난 가장 좋았던 일 한가지는 ?

＝＝＝＝＝＝＝＝＝＝＝＝＝＝＝＝＝＝＝＝＝＝＝＝＝＝

＝＝＝＝＝＝＝＝＝＝＝＝＝＝＝＝＝＝＝＝＝＝＝＝＝＝

나의 도전 미션
10송이의 예쁜 장미꽃을 산 후에,
지인을 만나는 순서대로 한마디의 인사말과 더불어 선물하라.

【Today's Player】　　　　　　　　　【MEMO】

나는 훌륭한 무기를 만든다.

나는 '글쓰기와 기록'을 배울 거예요.

(장르구분 없이)

내가 자주 듣고 즐겨 부르는 노래 & 기억나는 가사를 남긴다면?

_____

_____

_____

내가 가는 길이 험하고 멀지라도

그대 함께 간다면 좋겠네.

우리 가는 길에 아침햇살 비치면

행복하다고 말해주겠네.

이리저리 둘러봐도 제일 좋은 건 그대와 함께 있는 것

- 그대 내게 행복을 주는 사람 가사 中 -

오늘 일어난 가장 좋았던 일 한가지는 ?

_____

_____

【Today's Player】　　　　　　　　　　　　【MEMO】

나는 음악으로 통한다.

나는 노래 듣고 부르기를 즐겨 할 거예요.

오늘 특별히 어떤 친구를 만나 무엇을 같이 해 보고 싶나?

....

....

....

우리는 어떻게 돈을 모으고, 먹고 살고,

지붕을 고치고, 옷을 사 입을까를 고민하지만,

총명한 사람은 가장 소중한 친구를 어떻게 선택할 지를 고민한다.

– 랄프 왈도 에머슨 (Ralph Waldo Emerson) –

오늘 일어난 가장 좋았던 일 한가지는 ?

....

....

【Today's Player】　　　　　　　　【MEMO】

나는 고르게 베푼다

나는 진심으로 친구를 대할 거예요.

지금 주변에 있는 물건 중 끔찍이 아끼는 것에 담긴 사연은?

_____

_____

_____

수입의 1%를 책을 사는데 투자하라.

옷이 헤지면 입을 수 없어 버리지만

책은 시간이 지나도 위대한 진가를 품고 있다.

- 김수환 (Kim, Su Hwan) -

오늘 일어난 가장 좋았던 일 한가지는 ?

_____

_____

【Today's Player】　　　　　　　　　　　　【MEMO】

나는 서재를 만든다.

나는 알뜰신상 회전형 책장을 살 거예요.

당신이 태어났을 땐 당신만이 울었고

당신 주위의 모든 사람들이 미소를 지었다.

당신이 이 세상을 떠날 때엔 당신 혼자 미소 짓고,

당신 주위의 모든 사람들이 울도록 그런 인생을 살라.

가보고 싶은 해외 여행지와 그 곳에서 꼭 해보고 싶은 건?

··

··

··

여행이란

우리가 사는 장소를 바꿔주는 것이 아니라

우리의 생각과 편견을 바꿔 주는 것이다.

- 아나톨 프랑스 (Anatole France) -

오늘 일어난 가장 좋았던 일 한가지는 ?

··

··

【Today's Player】   【MEMO】

나는 그린란드(Greenland)에 간다.

나는 황홀한 별과 오로라를 감상할 거예요.

나는 현재 내가 가진 총 재산으로 무엇을 제일 하고 싶나?

_____

_____

_____

재산이 많은 사람이

그 재산을 자랑하고 있더라도,

그 돈을 어떻게 쓰는지

알 수 있을 때까지는 그를 칭찬하지 말라.

- 소크라테스 (Socrates) -

오늘 일어난 가장 좋았던 일 한가지는 ?

_____

_____

【Today's Player】　　　　　　　　　【MEMO】

나는 인성을 중시한다.

나는 물려주기보다 된 사람에게 투자할 거예요.

내 인생의 자서전을 쓴다면 첫 문장을 어떻게 쓰면 좋을까?

_____

_____

_____

자기 자신을 돌보는 노력을 게을리 하지 말라.

높은 산꼭대기에 오르면 부모의 정을 잊지 말아야 하며,

성공의 도에 들어서면 스승의 뜻을 깊이 기억해야 한다.

- 격언 (格言) -

오늘 일어난 가장 좋았던 일 한가지는 ?

_____

_____

【Today's Player】　　　　　　　　　　【MEMO】

나는 발자취를 남긴다.

나는 기억을 넘어 인생을 기록할 거예요.

재운(財運)을 강하게 하기 위해서 평소에 노력을 기울이는 건?

_____

_____

〈부자 될 사람들의 공통점〉

1. 편안한 감정을 잘 유지한다.

2. 다양한 사람들과 잘 어울린다.

3. 독서를 열심히 한다.

4. 남을 배려하고 이타적이다.

5. 긍정적인 언어를 사용한다.

6. 변화를 쉽게 받아들인다.

- 정호 (頂豪) -

오늘 일어난 가장 좋았던 일 한가지는 ?

_____

_____

【Today's Player】　　　　　　　　　【MEMO】

나는 세심히 관찰한다.

나는 지혜로운 통찰력을 키울 거예요.

나의 부자일기를 완성하는 날 !

나는 내가 사랑하는 사람들에게서 어떤 평가를 받길 원하나?

(부모, 배우자, 자녀, 형제, 친구, 파트너 ......)

_____

_____

_____

남을 예우해도 답례가 없으면 자기의 공경하는 태도를 돌아보고,

남을 사랑해도 친해지지 않으면 자기의 인자함을 돌아보고,

남을 다스려도 다스려지지 않으면 자기의 지혜를 돌아보라.

- 맹자 이루편 (孟子 離婁編) -

오늘 일어난 가장 좋았던 일 한가지는 ?

_____

_____

나의 도전 미션

아마도 이 책을 꾸준히 썼다면 오늘이 108일째 되는 날일 것이다.

지금까지 쓴 것들을 천천히 들여다보라. 분명 깨닫는 것이 있으리라.

【Today's Player】　　　　　　　　　【MEMO】

나는 유종의 미를 거둔다.

나는 입장을 바꾸어 (易地思之)

다른 사람의 처지에서 생각해 볼 거예요.

감사하며

심리학자들이 불안이나 분노 등과 같은 부정적 감정에서 벗어나 긍정적인 행동 특징에 집중하는 것이 인생에 더 유리하다는 진리를 발견하기까지는 무려 80년의 시간이 걸렸답니다. 그럼에도 많은 사람들이 여전히 두렵고 어두운 감정의 늪에서 허우적거리고 있는 것 또한 사실입니다. 성공은 긍정 마인드의 결실입니다. 명상과 호흡법을 통해 우리는 감정의 주인공이 되는 기쁨과 건강함을 선물로 얻게 될 거예요.

선물 1 ▶▶▶ 뇌를 건강하게 해 주는 《6-4-8 호흡법》

- 박해영 (Park, Hae-Young / 海英) -

선물 2 ▶▶▶ 세상에서 가장 쉽고 행복한 당신만의 명상법 만들기

- 박정호 (Park, Jeong-Ho / 頂豪) -

뇌를 건강하게 해 주는 호흡법

박해영 (朴海英)

우울하고 화난 뇌를 명랑하고 웃는 뇌로 바꾸어 주는

호흡법입니다. 따라 하기 쉽고 꿀잠을

자게 해주는 648호흡법.

6 - 4 - 8 호흡법

6초간 입을 다문채 코로 숨을 천천히 깊게 들이 마셔, 아랫배가

천천히 나오게 하고 4초간 숨을 참은 상태로 호흡을 잠시 멈췄

다가 8초간 입으로 숨을 천천히 내 쉬고, 아랫배가 천천히 들어가게

한다. 이것을 3회 반복 후 휴식 다시 3회 반복한다.

TIP1. – 초보자는 초간격을 마음속으로 그냥 편안하게 숫자를

세면서 호흡에 집중하시면 좋습니다.

TIP2. – 3회 반복 후에 잠시 일반적인 호흡을 하다가 다시 3회

정도를 반복하는 식으로 5~6분 정도 해 주시면 됩니다.

2. 세상에서 가장 쉽고 행복한 당신만의 명상법 만들기

'왜 명상을 하는 것일까?' 저는 '인생을 더 즐기기 위해'라고 단언합니다. 명상은 인생을 더 풍요롭고 좋게 만들어준답니다. 명상은 편안하게 안정을 취할 수 있다는 점에서 매우 기분 좋은 활동입니다. 앉아서 눈을 감고 있지만 자는 것은 아닌 상태. 그냥 눈을 감고 있는 것이 아니라, 몇 천년 전부터 계승되어 온 단순한 명상 테크닉을 사용해서 자신의 의식에 더 깊은 차원으로 접근 할 수 있는 활동입니다. 미국 하버드 대의 허버트 벤슨(Herbert Benson) 교수의 연구결과에 의하면, 성인 명상 실천자들을 대상으로 생물학적 연령을 측정하는 실험을 했더니 실제 연령보다 훨씬 젊은 것으로 드러났는데, 최고 수치를 보인 것은 여성 피험자로 실제 연령보다 무려 스무살이나 젊었습니다. 그뿐만 아니라 안티에이징 효과와 명상을 실천해 왔던 기간의 길이가 밀접한 관련이 있다는 연구 결과가 나왔습니다. 즉 명상한지 5년 미만인 사람들은 평균적으로 실제 연령보다 5세 젊고, 5년 이상인 사람들은 평균 12세 젊었다고 합니다. 그 후 영국에서 이런 결과를 뒷받침하는 연구가 행해졌는데 매일 명상을 1년 실시할 때마다 한살씩 젊어 졌다고 발표했습니다. 명상은 매일 일정 시간을 자신에게 투자하는 일인데 이렇게 젊어지는 효과가 있다니 그것만으로도 투자할 가치가 있지 않을까요? 물론 그 밖에도 많은 효과를 일상에서 맛볼 수 있습니다. 왜 당신만의 명상법을 스스로 창조해 보는 것이 의미가 있는지에 대한 설명은 더 이상 필요하지 않을 겁니다. 이제부터 명상의 기본적인 것(앉는 방법, 자세, 장소, 시간, 환경 등)에 대해서 설명하겠습니다. 의자에 앉아서 명상할 때는 양발을 바닥에 붙이고, 바닥에 앉아서 할 때는 양반다리를 하든 하지 않든 다리가 저리지 않는 자세를 취하면 됩니다. 손은 손바닥을 위로 향하고 손가락을 가볍게 열어, 무릎이나 허벅지 위에 올려놓습니다. 그리고 얼굴을 약간 위로 향하게 하고 눈을 감습니다. 이것은 허리를 곧게 펴기 위해 긴장하는 것을 피하고, 허리를 자연스럽게 편 자세로 유지하기 위한 것입니다. 도중에 자세가 힘들어지면 눈을 감은 채로 자세를 조금 바꾸거나, 혹시 가려운 곳이 있으면 긁어도 됩니다. 계속 참고 있다가 주의가 산만해지는 것보다 낫습니다.

등을 기대어도 되지만 자칫 잠들 수도 있으므로 머리는 기대지 않도록 합니다. 같은 이유로 누운 자세로는 명상을 하지 않습니다.

 청각과 시각의 자극을 덜기 위해 가능한 조용하고 약간 어두운 장소가 좋습니다. '치유의 명상'은 정신적인 것이므로 명상용 음성 중에서도 배경 음악을 쓰는데 '호흡의 명상'은 정신을 뛰어 넘어 정숙의 단계에 들어가므로 '무음'으로 실시합니다. 호흡은 '자연스럽고 편안하게' 하세요. 호흡을 조절하려고 하다보면 오히려 불필요한 생각을 하게 만들기 때문입니다. 입으로 하든 코로 하든 상관없습니다. 또 복식호흡이든 흉식호흡이든 신경 쓰지 말고, 자연스럽게 편안한 호흡을 하기 바랍니다. 외출 시에는 전철 안이나 카페 같은 곳에서도 명상을 할 수 있지만 야외나 직사광선이 비치는 곳은 피하는 것이 좋습니다. 아침에는 일어나자마자 실시합니다. 아침 명상은 일어나서 화장실에 다녀온 후, 물이나 따뜻한 물 한컵을 마시고 나서 하세요. 그 이유는 우선 일어나자 마자 잠자리에서 바로 명상을 하면 아직 몸이 잠든 상태를 기억하기 때문에 명상 중 잠들어 버릴 확률이 높기 때문이지요. 일단 화장실에 다녀와 물을 마시면 몸을 깨울 수 있습니다. 그 이상의 행동은 생각을 많이 낳기 때문에 씻는 행위(세안, 양치질, 샤워 등) 이외의 행동을 취하지 않은 상태에서 명상을 시작하면 좋습니다. 아침저녁 명상은 어느 때이건 식전이나 위에서 소화가 끝난 후에 할 것을 추천합니다. 위가 움직이는 동안은 몸이 동적인 상태라서 명상으로 정적인 상태에 들어가려고 해도 잘 되지 않습니다. '배가 고프면 반대로 불안정해지지 않을까?' 라고 생각할 수도 있습니다. 그럴 때는 물이나 따뜻한 물 한 컵 혹은 카페인이 없는 허브티 등을 마신 후에 명상을 하면 20~30분은 공복감을 피할 수 있습니다. 단, 쥬스나 우유, 두유, 커피, 녹차 등은 위를 움직이게 하기 때문에 적합하지 않습니다. 또한 잠자기 직전 명상을 해선 안 된다는 법은 없지만, 20~30분의 본격적인 명상을 하면 잠을 설치거나 잠의 질이 떨어질 우려가 있습니다. 그러므로 밤에는 아무리 늦어도 목욕을 하기 전에 명상을 하십시오. 더불어 욕조안에서의 명상은 체온의 변화로 안정을 취할 수 없으므로 권하지 않습니다.

일상생활에서 얻을 수 있는 여러 가지 명상을 전부 맛보고 싶다면 성인 기준으로 한 번에 20분간의 명상을 하루에 두 번 할 것을 권장합니다.

명상의 효과는 스스로 기르는 것입니다. 실제로 명상을 하기 시작했을 때부터 효과가 조금씩 자라기 시작해 날을 거듭할수록 자신에게 적합한 속도나 정도로 효과가 축적되어 갑니다. 물론 사람마다 진도도 다르고 효과가 나타나는 것을 깨닫는 타이밍도 다를 것입니다. 또한 어느 정도 명상을 계속했는데 그만두면 모든 것이 수포로 돌아가느냐 하면 그런 것도 아닙니다. 어떤 이유로 명상을 그만두었다가 다시 하루 두번의 명상을 재개한 사람들은 명상을 계속 했었을 때의 '좋은 느낌'을 서서히 회복시켜서 일상에서 명상 효과를 맛보고 다시 명상을 즐기는 사례를 다수 목격할 수 있었습니다.

육체와 마음과 영혼을 모두 정화하는 명상의 놀라운 효과를 체험해 보는 건 어떨까요? 명상은 특별한 노력의 추가나 거창한 준비 과정 등이 필요 없고, 짧은 시간만 투자해도 획기적인 효과를 얻을 수 있는 이른바 현대인의 '만병통치약'과도 같은 효과를 제공합니다. 명상의 효과를 이해하고 바르게 실행하면 온종일 정신이 맑은 상태를 유지하고 집중력과 결단력이 높아집니다. 통찰력과 직관이 좋아져 예전에는 생각지도 못한 창조적인 방법으로 문제를 해결할 수 있으며, 여러 프로젝트를 동시에 진행하고 업무나 인간관계 등에서 난처한 일이 생겨도 평상심을 유지할 수 있을 겁니다. 그렇기 때문에 전 세계 수많은 부자와 엘리트가 귀중한 시간을 내서 명상을 습관화하고 있는 것입니다.

위의 내용을 참고하셔서 세상에서 가장 쉬운 자신만의 명상법을 만들어서 인생을 더 즐겨보세요. 자신에게 주는 큰 선물이 될 거예요. 당신의 창의력을 믿습니다!

우리가 지금 꼭 해야 할 가장 중요한 일은?

나의 《부자일기》 - 부자가 가지는 108 자문자답 - 을 통해 여러분과의 인연을 맺게 되어 기쁘고 영광입니다. 시공간을 초월하여 금옥양언(金玉良言)을 남겨주신 위인들께 진심으로 존경을 표하고, 이유불문하고 귀하고도 아름다운 문장을 창작하신 글 선배님들께는 사전 허락도 없이 특이한 단어와 문구를 사용했음에 머리 숙여 양해를 구합니다. 이제 세상에서 가장 독창적이고 가장 많은 당신의 비밀을 담은 한 편의 드라마틱한 일기장을 덮고자 합니다. 누가 뭐라고 해도 가장 소중한 것은 결국은 '건강'입니다. 무엇보다 먼저 건강하세요. 매일매일 더욱 건강하세요. 우리에게 주어진 모든 시간을 건강하게 보낼 수 있도록 최선을 다하시길 소망합니다. 나의 <부자일기>를 사랑해주신 당신에게 '깨달음(覺悟)' 이라는 글 선물을 드리고 저희는 자유로운 명상의 시간을 만끽해 볼까 합니다.

꼭 부자되세요!

"자신을 바꾸면 세상이 변한다"

覺悟

깨달음

선각자 先覚者

나 자신

내가 젊고 자유로워서 상상력의 한계가 없을 때,

나는 세상을 변화시키겠다는 꿈을 가졌었다.

좀 더 나이가 들고 지혜를 얻었을 때

나는 세상이 변하지 않으리라는 것을 알았다.

그래서 내 시야를 약간 좁혀서

내가 살고 있는 나라를 변화시키겠다고 결심했다.

그러나 그것 역시 불가능한 일이었다.

황혼의 나이가 되었을 때 나는 마지막 시도로

나와 가장 가까운 내 가족을 변화시키겠다고 마음을 정했다.

그러나 아무도 달라지지 않았다.

이제 죽음을 맞이하기 위하여 누운 자리에서 나는 문득 깨달았다.

만일 내가 나 자신을 먼저 변화시켰더라면,

그것을 보고 내 가족이 변화되었을 것을.

또한 그것에 용기를 얻어

내 나라를 더 좋은 나라로 변화시킬 수 있었을 것을.

그리고 누가 아는가?

세상까지도 변화시킬 수 있었을지……

Who am I

나는 부자다.

일기를 덮는 지금 이 순간,

당신의 인생은 활기로 가득 채워졌습니다.

삶은 자신의 용기에 비례하여

줄어들거나 넓어집니다.

충만한 에너지로 다시 시작하세요.

당신이 꼭 하고 싶은 것을!

나의 부자일기

ⓒ박정호, 2023

초판 1쇄 발행 2023년 11월 28일

지은이 박정호

도운이 박해영

편집진행

그림.디자인 김성호

펴낸이 이기봉

펴낸곳 도서출판 좋은땅

등록 2019년 4월 3일 제 2019-000040호

주소 서울특별시 마포구 양화로12길 26 지월드빌딩 (서교동 395-7)

대표전화 02)374-8616~7 팩스 02)374-8614

이메일 gworldbook@naver.com | 홈페이지 www.g-world.co.kr

ISBN 979-11-388-2510-8 (03190)

2020년 이 책의 기획 단계부터 2023년 첫 출간 마무리 단계까지 아낌없는 응원을 보내 주신, 사랑하는 해영·예쁜 소연·씩씩한 경운 & 춘심 스튜디오 남형석 대표님 & 유앤어스 팝페라 정웅규 감독님께 감사드립니다. 존경하는 박용경과 도경선님, 보고 싶은 박기호님, 아름다운 기부왕 찰스프란시스척 피니님 (Charles Francis Chuck Feeney) 에게 이 책을 바칩니다. 고민 한 바가지와 설레임 한 포대 감사히 잘 짊어지고 앞으로도 좋은 책을 만들겠습니다.

값18,800원

ISBN 979-11-388-2510-8